墨香财经学术文库

"十二五"辽宁省重点图书出版规划项目

An Investigation of the History
of Economic Policy and Economic
Thought in France （1337—1914）

# 法国经济政策思想史初论
# （1337—1914）

丁涛 ◎ 著

东北财经大学出版社
Dongbei University of Finance & Economics Press

大连

**图书在版编目（CIP）数据**

法国经济政策思想史初论（1337—1914） / 丁涛著．—大连：东北财经大学出版社，2020.5

（墨香财经学术文库）

ISBN 978-7-5654-3739-7

Ⅰ．法… Ⅱ．丁… Ⅲ．经济思想史-法国 Ⅳ．F095.65

中国版本图书馆CIP数据核字〔2019〕第296609号

东北财经大学出版社出版发行

大连市黑石礁尖山街217号 邮政编码 116025

网　　址：http：//www.dufep.cn

读者信箱：dufep @ dufe.edu.cn

大连永盛印业有限公司印刷

幅面尺寸：170mm×240mm 字数：151千字 印张：10.75 插页：1
2020年5月第1版　　　2020年5月第1次印刷
责任编辑：田玉海　王　斌　责任校对：行　者
封面设计：冀贵收　　　版式设计：钟福建
定价：35.00元

"东北财经大学'双一流'建设项目
高水平学术专著出版资助计划"资助出版

# 前言

挪威著名经济学家赖纳特指出："由于没有一个诸如'经济政策史'的学术子学科，欧洲和北美的工业化强国现在似乎都对它们自己的过去形成了错误的看法。"[1]诚如此言，目前经济学领域多集中于西方主要学术流派的思想讨论和理论模型分析，并倾向于认为欧美国家和地区的富强得益于这些理论的指导。如果说正统经济学的确发挥了这一功能，那么有关的思想和理论应该体现于各种经济政策中。然而，赖纳特、贾根良、张夏准、赫德森、梅俊杰等国内外学者的大量研究一致表明，无论18世纪的英国还是19世纪的美国，它们所制定的重要经济政策都没有受到正统经济学的实质性影响。换言之，正统经济学的政策主张并非欧美国家在实现富强过程中所真正采用的。英国所实施的政策恰恰源自正统经济学所批判的重商主义，而美国所实施的政策则来自被长期埋没的美国学派。

为何英国和美国宣传的是正统经济学，自己采用的却是其他理论体系呢？早在170多年前，德国经济学家李斯特在批判英国正统经济学时

---

① 赖纳特. 国家在经济增长中的作用［C］//霍奇逊. 制度与演化经济学现代文选：关键性概念. 贾根良，等，译. 北京：高等教育出版社，2005：225.

指出："一个人当他已攀上了高峰以后，就会把他逐步攀高时所使用的那个梯子一脚踢开，免得别人跟着他上来。亚当·斯密的世界主义学说的秘密就在这里。"①李斯特的这一判断看似武断，但并非随意，因为他对各个国家的经济政策史做了大量的考察。遗憾的是，李斯特作为一个经济学家一直没有引起人们的重视。他的经济学说实际上被视为一种异端，长期处于游离于主流之外的状态。近二十年来，情况发生了明显的变化。一方面，针对正统经济学的质疑声在增多；另一方面，一些知名学者为李斯特摇旗呐喊，张夏准所著的《富国陷阱：发达国家为何踢开梯子？》就是对李斯特上述论断的强烈支持。不仅在西方出现了新李斯特经济学的这一概念，而且在中国还出现了新李斯特学派。

李斯特经济学的当代追随者一致认为，经济政策史的研究极其重要，尤其当学界沉迷于正统经济学诸多理论模型的无休止争论的时候。正如李斯特揭示英国的正统经济学那样，赖纳特在《富国为什么富 穷国为什么穷》中直率地提醒发展中国家："不要做美国告诉你做的，而要做美国自己所做的。"②在正统经济学的教科书中，包含着"美国告诉你做的"一系列政策主张，却很难找到"美国自己所做的"。赫德森直言不讳地指出："美国自身利益的变化为其重写历史甚至篡改其思想史提供了动力。"③

也就是说，"美国自己所做的"一定程度上被隐藏了起来，甚至成了谜。这个谜与美国为什么实现富强息息相关。在探讨美国富强之谜的时候，多数学者往往以某种流行的理论为基本出发点，但并不熟悉美国到底采取了哪些措施，从而导致理论与事实脱节。我们认为，不仅美国，任何一个发达国家走向富强的原因都是复杂的，但首要因素是这些国家的所作所为。因此，要解开一个国家富强或贫困之谜，首先应了解它在各个时期的经济政策。换言之，经济政策史的梳理应该是研究的出发点，也是基本的立足点。

一项好的经济政策是怎样产生的？它可能源于失败的教训和成功的

---

① 李斯特. 政治经济学的国民体系 [M]. 陈万煦，译. 北京：商务印书馆，1961：307.
② 赖纳特. 富国为什么富 穷国为什么穷 [M]. 杨虎涛，陈国涛，等，译. 北京：中国人民大学出版社，2010：18.
③ 赫德森. 保护主义：美国经济崛起的秘诀（1815—1914）[M]. 贾根良，等，译. 北京：中国人民大学出版社，2010：319.

经验，也可能受到某种理论和思想的影响。这是在知道"做了什么"之后，探究"为什么这么做"。或者说，是什么经验、思想或理论指导了一项经济政策的提出。这个问题涉及经济思想史的相关内容，同时也突出强调了经济政策与经济思想之间的紧密关系。经济政策思想史作为经济思想史的分支，首先是要强调经济思想史研究的现实指导意义，即"实现经济思想史的'经世致用'"[①]。目前，经济思想史研究的一个不足之处是局限于从思想到思想、从理论到理论的讨论。经济政策思想史研究则弥补了这一缺陷。

经济政策思想史的研究还有助于发现和纠正正统经济思想在教科书中存在的缺陷：

其一，发现教科书或主流文献中对某种理论在认识和理解上的偏差。最为典型的一例是重商主义。若仔细考察经济政策史会发现，重商主义并非简单的贵金属主义，它还包含强调发展制造业的工业主义；它所强调的国家干预并非为了限制竞争，而是在保护的基础上实现国内市场的自由竞争。本书在讨论法国柯尔培尔重商主义的时候，将会进一步揭示法国重农学派对重商主义的批判与事实不符。

其二，经济政策思想史的研究有助于发现和揭示那些被埋没的思想和理论。李斯特经济学和美国学派是最值得重视的例子。美国学派没有被写进正统的经济学教科书中，却是指导美国走向世界经济强国的国民经济学说。当从美国经济政策角度来探究美国富强之谜时，不得不重视对美国学派的研究。与此同时，经济政策史的研究还将发掘那些曾经对经济政策制定产生过重要影响，但不成系统的，有待加以总结的经验或经济思想。这将有助于经济理论的创新。

从经济政策思想史相关问题的研究现状看，国内外学界已经对英国和美国大国崛起的经济政策和经济思想做了大量的研究，得出了非常重要的结论，但对德国和法国等欧洲其他重要国家的相关讨论还相对较少。推进经济政策思想史的研究，有必要针对德国和法国等其他欧洲国家开展具体而深入的研究。

---

① 贾根良.贾根良自选集［M］.北京：中国人民大学出版社，2017：98.

本书选择以法国为研究对象受益于学术界对于英法大分流的研究热情。18 世纪，英国与法国之间出现了大分流，前者成功开启了工业革命，后者则陷入了政治动乱。工业革命为什么首先发生于英国而不是法国？学术界对这个问题的讨论似乎从未中断。本书将尝试从英法经济政策史的比较研究中得出一些新的启示。基于学界针对英国所作的大量研究成果，本书有助于从反面进一步论证和巩固这些成果和相关结论。具体而言，比较英法在落实重商主义政策方面的差异，有助于进一步论证重商主义政策的重要性。比较英法长期的经济政策史将有助于识别出对英法大分流产生影响的关键性因素。

此外，从相关论著来看，国内学界对法国的研究有三个鲜明特点：其一，聚焦于法国大革命的研究。其二，集中于法国史的概述性研究。其三，重视法国制度与文化的研究，忽视法国经济的研究。国内学界对法国经济史的研究是薄弱的，对于法国经济政策思想史的考察更为鲜见。本书希望有助于填补这一研究领域的一些空白。

本书考察的历史时期是百年战争爆发以后至第一次世界大战前夕（1337—1914 年）。其中包括五个重点时段：柯尔培尔时代（1661—1683 年）、英法争霸的 18 世纪、拿破仑第一帝国时代（1804—1814 年）、第二帝国时代（1852—1870 年）、法兰西第三共和国前期（1870—1914 年）。考察的具体内容是上述各个时段的经济政策及相关的经济思想，进而探讨两个主要问题。其一，经济政策对法国工业化和工业革命的影响。其二，经济政策与经济思想的关系。研究的重点内容包括四个方面：柯尔培尔的重商主义政策；法国重农学派与 1786 年英法商业协定；大陆封锁体系；法国第一次工业革命。与此同时，本研究以英国作为比较对象，探讨法国在经济政策方面的得失，进而对工业革命和英法大分流做出了新的解释。

全书包括 9 章内容。

第 1 章简述法国民族国家的形成过程及相关经济政策。中世纪大部分时期，包括百年战争在内，法兰西还没有发展成为一个统一的民族国家，因而也没有真正意义上的国家经济政策。百年战争以后，至路易十一和查理八世统治时期（1461—1498 年），王权得到集中和巩固，并基本实现领土统一，从而为国家经济政策的制定奠定了基础。

第 2 章详细论述柯尔培尔重商主义体系。从亨利四世统治时期（1589—1610 年）开始，法国出现了重商主义萌芽，经黎塞留的大力提倡和进一步发展，至柯尔培尔时代成就了一个完整的重商主义体系。本章从工业、国内市场的统一、海外贸易与殖民三个方面介绍了柯尔培尔重商主义体系，并对其重要成就进行了评析。与重农主义等自由主义经济学者的批判相反，法国经济的衰落并非因为柯尔培尔重商主义体系本身，而是因为这一体系未能得到充分的贯彻和执行。实际上，柯尔培尔重商主义时代为法国创造了一次赶超英国的历史机遇。

第 3 章探讨柯尔培尔去世后至大革命爆发前法国的财政改革、殖民地和外贸相关经济政策及战争的影响。以 1786 年英法商业协定为重点剖析对象，论述了重农学派对法国经济政策的重要影响。重农学派产生以后，法国经济政策的制定者开始受到流行经济思想的左右。与重商主义不同的是，重农学派所主张的经济政策并非基于经济实践，而是源于自由贸易主义和比较优势理论的发挥和应用。重农学派的自由贸易主义政策对法国制造业造成了严重的打击，可谓导致法国大革命爆发的最后一根稻草。

第 4 章简述法国大革命时期的主要经济政策。从国内经济政策看，大革命打破了阻碍资本主义经济发展的封建制度障碍；从对外贸易政策看，大革命时期的执政党吸取了 1786 年英法商业协定的教训，逐渐向贸易保护主义的方向发展。这在一定程度上为拿破仑建立大陆封锁体系奠定了基础。

第 5 章在简要梳理了拿破仑统治时期的国内经济政策后，重点论述了大陆封锁体系。大陆封锁体系是拿破仑放弃军事征服后所采用的一种极端的贸易制裁措施，即通过全面封锁欧洲大陆与英国的贸易关系来摧毁后者的经济。该体系未能实现既定目标，而是以土崩瓦解告终。尽管如此，大陆封锁体系依然推动了法国制造业的发展，尤其为棉纺织业的工业革命拉开了序幕。

第 6 章论述法国第一次工业革命与相关经济政策。复辟时期和七月王朝时期的法国延续了保护主义的经济政策取向，进一步加强了水陆交通等内部改善，并开启了棉纺织业的工业革命。法兰西第二帝国时期，以铁路建设为引领，法国进入了工业革命的全面开展阶段，并开始了大规模的殖民主义扩张。圣西门主义者是推动铁路建设和工业发展的重要力量，同时也是1860年英法商业协定的重要支持者，但这一协定并不利于法国制造业的发展。

第7章论述法兰西第三共和国前期的主要经济政策及成就。法国在该时期回归了贸易保护主义政策，进一步加强了内部改善，建立起了庞大的殖民地帝国并大力发展殖民主义经济。受益于此，法国完成了第一次工业革命并顺利搭上了第二次工业革命的快车。

第8章从一个长期的历史视角阐述英国的重商主义实践，并通过英法比较研究揭示法国经济政策存在的缺陷及其原因。与英国比较，法国不仅在重商主义实践方面落后，而且对重商主义的认识也存在不足。

第9章概述了本书主要结论及研究的不足。

丁　涛

2020 年 1 月

# 目录

# 1 中世纪法国民族国家的建立及其经济政策简述

　　中世纪大部分时期，跟西欧其他国家一样，法国处在领土整合和民族国家的构建过程中。在形成一个统一的国家和政权之前，真正意义上的国家经济政策恐怕也难以产生，因为王权对经济的干预是有限的，且其目的只是满足财政需要而非发展国民经济。可以认为，领土的统一和权力的集中是国家经济政策产生的基础。为此，我们首先简要回顾中世纪法国的领土统一和民族国家的形成过程，进而探讨相关的经济政策。

## 1.1　5—13世纪的法兰西概况

　　法国民族国家的形成可以从日耳曼人对高卢的入侵谈起。高卢曾长期处于罗马帝国的统治之下。公元5世纪，随着罗马帝国走向解体，日耳曼人加速了对高卢的入侵，并建立起自己的王国。最早在高卢建立王国的是日耳曼部落中的西哥特人，他们以图卢兹为中心在高卢西南部建立了西哥特王国。随后，勃艮第人以里昂为中心在高卢东南部建立了勃艮第王国。公元5世纪末至6世纪初，这两个王国先后被高卢北部的法兰克人征服，并入到法兰克王国的疆域中。法兰克王国的创立者是克洛维，他建立了法国历史上第一个封建王朝，即墨洛温王朝（481—751年）。

克洛维死后，王位之争导致墨洛温王朝内战不断，国土在分裂与统一间反复。与此同时，大地主贵族因获得王室分封的土地越来越多，势力大增。7世纪以后，墨洛温王朝不断走向衰落，其存在的最后一个多世纪（639—751年）的时间被称为"懒王时期"[①]。大权全部落入代表大地主贵族的宫相[②]手中，而国王只剩下空洞的称号，已经不再参与政事。751年宫相矮子丕平对法兰克国王王位的成功篡夺，标志着加洛林王朝（751—987年）统治时期的开始。768年丕平的儿子查理曼即位后，壮大了法兰克王国的实力，使其领土得到空前扩张，迎来了查理大帝时代（768—814年）。但查理大帝死后，法国又陷入了不稳定和分裂的状态中，以843年凡尔登条约的缔结为标志，查理帝国被分裂为三部分。其中，西法兰克发展为法兰西，其他两部分分别发展为德意志和意大利。

可见，今天我们熟悉的法兰西王国是在843年的凡尔登条约的基础上，从法兰克王国分离出来的，其第一任国王是秃头查理（843—877年）。法兰西王国建立后遭遇诺曼人的大举入侵，秃头查理及后代无力抵抗，只能依靠贿赂和妥协缓和争端，并于911年签订条约赐予诺曼人领袖公爵称号，随之诺曼底公国在法国建立。此公国的建立为日后英法间长期的战争埋下隐患。在抗击诺曼人入侵的过程中，巴黎伯爵厄德曾因战绩卓著被法国贵族推选为法国国王（888—898年）。987年厄德侄孙卡佩被推选为国王，开始了法兰西王国的卡佩王朝时期（Capetian Dynasty，987—1328年）。

卡佩王朝时期，法兰西面临严峻的封建割据局面，全国被分割为多个公国或伯国。其中，诺曼底公国、弗兰德尔伯国和勃艮第公国与日后

---

① 张芝联. 法国通史［M］. 北京：北京大学出版社，1989：25.
② 宫相起初是管理王室庄园的财产和账册的管家，后来政治势力不断增强。

法兰西民族国家的建立息息相关，也都与英法争霸紧密联系在一起。这些公国或伯国的领袖表面上承认法兰西国王为宗主，实际上完全独立。他们在自己的领地内有颁布法律、作战媾和、收税和审判等大权①。这种封建割据局面成为滋生战乱的温床。当然，与这种局面并行的还有农业生产力的进步和商业经济的发展，尤其是货币经济和城市的兴起。货币经济有助于瓦解封建农奴制，城市的壮大则使王权获得了对抗封建势力的重要同盟。从12世纪路易六世上台（1108—1137年）以后，王权联合市民、教会和下层人民有力打击了封建贵族，使法国政权开始向王权集中，但与英国之间的领土之争延缓了这一进程。

这首先要从上文提到的诺曼底公国谈起。1002年英格兰国王埃塞列德二世与诺曼底公爵的妹妹埃玛结婚，这为日后埃玛的侄孙威廉公爵夺取英国王位埋下了伏笔。1066年英王爱德华死后无嗣，威廉公爵趁此用武力夺取了英格兰王位，即威廉一世（1077—1087年），史称"征服者威廉"。威廉作为英国国王的同时，又属于法国公爵，因此，英法之关系开始趋于复杂化。此后，英国通过婚姻继承关系吞并了法国大片领土。至英王亨利二世（1154—1189年）建立金雀花王朝，法国的半壁江山实际上已经属于英国。因此，从路易七世（1137—1180年）开始，加强王权并实现法兰西之统一的最大障碍来自英国。此后，法国历代君王都致力于收复落入英王之手的领地。

腓力二世时期（1186—1223年），法国征服了诺曼底，并收复了大部分领土。与此同时，腓力二世还加强与城市的结盟，开展反封建领主的斗争，加强了王权。其对城市的支持和对商人的保护，以及铺设道路等相关举措为法国经济发展奠定了基础。到路易九世（1226—1270年）统治时期，法国经济已经非常繁荣，商品经济发达，呢绒、丝织、亚麻业兴旺，巴黎成为全国手工业和商业中心。这些都有助于资产阶级力量的壮大，进而成为王权对抗封建贵族的强有力同盟。

然而，需要指出的是，法国在加强王权的过程始终依赖于教会。比如，丕平就是借助教会的力量称王的。此后，每一代君主都与教会关

---

① 张芝联. 法国通史［M］. 北京：北京大学出版社，1989：43.

系甚密。教会对于加强王权，尤其是打击封建贵族，都是不可或缺的力量。教会的存在，对于商业发展又是一种障碍。出于对基督教的忠诚，路易八世（1223—1226 年）和路易九世（1226—1270 年）对异教都采取了镇压手段，从而严重打击了城市的手工业者和商人。天主教会已经深深扎根于法国社会。所以，法国的资本主义生产关系依赖于王权，同时与教会做斗争。这种复杂关系，可以理解为法国资本阶级革命之所以落后于英国的一个影响因素。当然，这也为以后法国因缺乏宗教宽容而失去大量代表先进生产力的技术工人埋下了隐患。

## 1.2  英法百年战争与法国领土的整合

从腓力四世开始（1285—1314 年），尼德兰成为法国觊觎的重要领地，尤其南部的弗兰德尔等地[①]。弗兰德尔（法文为"flandre"）[②]当时已经是西欧经济最发达的地区，与英国有着非常密切的贸易往来，具有极其重要的战略意义。腓力曾一度将弗兰德尔纳入自己的直接统治范围，但后来因1302年"马刺战役"之败使其获得了独立地位。腓力六世（1328—1350 年）即位后，法国再次实现了对弗兰德尔的直接统治，但在"百年战争"中又将其丧失。

英法百年战争可以先从法国王位之争说起。查理四世（1322—1328 年）去世后，法国卡佩王朝的男嗣断绝，支裔瓦罗亚家族（House of Valois）的腓力六世即位，从此法国开始了瓦罗亚王朝的统治（1328—1589 年）。但英王爱德华三世（1327—1377 年）凭自己是腓力四世的外孙，要求继承法国王位。正是这一王位之争激化了英法矛盾，此后以弗兰德尔问题为导火索引发了英法"百年战争"（1337—1453 年）。

弗兰德尔是当时西欧工商业最发达的地区，尤其根特的手工业和布鲁日的商业都是独步一时。弗兰德尔有如此繁荣之经济，得益于其与隔

---

① 爱德华一世在位时（1272—1307），英法矛盾曾聚焦于另一个重要的城市，即亚奎丹的加斯科尼。该城市是法国西南部的商业中心，且盛产酒类。英格兰不仅要通过该城市进口酒类，且其纺织品和谷物必须经由该城市运到波尔多和巴约纳，再输往世界各地。参见欧文. 国富策：自由贸易还是保护主义？[M]. 梅俊杰，译. 上海：华东师范大学出版社，2013：74.

② 英文为"flanders"，音译为"弗兰德斯"，其地域范围相当于比利时的西佛兰德省和东佛兰德省、荷兰的泽兰省、法国的加来海峡和北方省。

岸英国之间的贸易往来，尤其依赖于后者的羊毛等原材料。显然，从经济关系看，弗兰德尔倾向于支持英国。但好景不长，1336年，或受法王腓力六世指使，弗兰德尔伯爵下令禁止英国人在其领地从事商业活动。爱德华三世对此开展了报复性行动，下令禁止了对弗兰德尔的羊毛输出和对其纺织品的进口，并保护弗兰德尔的手工业者移民英国，发展英国的纺织业。随后，英法百年战争爆发。在长达百年的战争中，尽管法国赢得最后的胜利，收复了除加来之外的所有领土，但法国本土因兵燹之灾遭受了极其严重的创伤，其间还经历了黑死病的侵蚀和大规模的农民起义等内乱。据估计，在这一百年间诺曼底大约丧失了1/3人口。许多教区空无一人，土地荒芜。有些城市被全部夷平。①

需要指出的是，百年战争期间，勃艮第公爵的势力得到了迅速扩张。一方面，他通过与弗兰德尔女继承人联姻将弗兰德尔收入囊中。另一方面，在英法百年战争中，他选择有利时机退出了与英国的结盟，并于1435年与法王查理七世签订《阿拉斯和约》。这一和约不仅使勃艮第公爵获得了在法国的独立地位，而且获得了尼德兰的皮卡迪。1441年，他又吞并了卢森堡。②至此，勃艮第公爵已经统治了尼德兰大部分领土。随着势力的不断膨胀，勃艮第公爵成为法国王权的最大威胁，实际上成为一个"国中之国"。因此，百年战争以后，路易十一（1461—1483年）的关键任务就是征服勃艮第公国，实现民族统一。

路易十一的最大贡献就是基本平息了以勃艮第公爵为首的贵族叛乱并实现了国土的统一。正如恩格斯所言："路易十一在勃艮第这个中间国家灭亡以后，终于在当时还是极为残缺不全的法国领土上广泛恢复了以王权为代表的民族统一。"③除了勃艮第，路易十一通过婚姻和遗产继承等途径收回了多个领地，被誉为伟大的"国土聚合者"。④但在内战过程中，路易十一并未成功收回勃艮第公爵所有的领土，包括弗兰德尔在

---

① 米盖尔. 法国史［M］. 蔡鸿滨，译. 北京：商务印书馆，1985：129.
② 布罗尔. 荷兰史［M］. 郑克鲁，金志平，译. 北京：商务印书馆，1974：19.
③ 马克思，恩格斯. 马克思恩格斯文集：第四卷［M］. 中共中央马克思恩格斯列宁斯大林著作编译局，编译. 北京：人民出版社，2009：224.
④ 米盖尔. 法国史［M］. 蔡鸿滨，译. 北京：商务印书馆，1985：135.

内的尼德兰大片领土落入了哈布斯堡王朝之手①。此外，加来这个重要的工商业城市还依然被英国占有。查理八世（1483—1498年）即位后通过与布列塔尼女继承人结婚，将布列塔尼收复②，从而进一步实现了法国领土的统一，近代法国版图轮廓基本确立。

## 1.3　中世纪法国经济政策简述

从上面的分析我们可以看到，中世纪大多数时期，法国处于领土分裂和权力分散的状态中，因而难以产生真正意义上的国家经济政策。查理大帝在实现帝国统一时，曾采取过一系列经济政策，例如，改善交通、统一度量衡、稳定物价等，即便如此，在这位伟大的政策制定者统治时期，政府干预经济的规模也是有限的。③法兰西从查理帝国分裂出来以后，进入了封建割据的时代。如前所述，至10世纪的卡佩王朝时期，法国其实是由许多独立的公国和伯国组成的，不存在真正意义上政权统一的"国家"。经济权力实际掌控在封建领主手中，他们缺少"以国家为本的经济视角"，④更难以制定统一的国家经济政策。

12世纪以后，随着商业的发展和城市的兴起，王权在借助新兴力量建立统一政权的过程中，开始采取有助于工商业发展的经济政策。大致上，从路易六世起，卡佩王朝、瓦罗亚王朝的历代君主都采取过改进

---

① 路易十一本想使他的儿子与勃艮第公国领袖"大胆查理"之女玛丽结为夫妻，但玛丽嫁给了哈布斯堡王朝的马克西米利安。路易十一全盘收复尼德兰的计划落空。玛丽去世后，她的儿子"漂亮腓力"接管了尼德兰。1496年，他与西班牙国王阿拉贡的女儿让娜结婚，"尼德兰的命运从此以后与西班牙的命运联系在一起"。1516年，"漂亮腓力"的儿子查理五世继承了西班牙王位（1519年继承了哈布斯堡王朝的王位）。此后，尼德兰便在西班牙的统治之下。尼德兰资产阶级革命爆发以后，北部省份和部分南部城市组成联盟并摆脱了西班牙的统治，成立荷兰共和国。弗兰德尔等南部省份依然属于西班牙。西班牙国王腓力四世1665年去世后，法国国王路易十四曾试图以她的女婿为名，要求继承部分遗产，1667年出兵占领南部尼德兰，但在荷兰、英国和瑞典三国同盟的压力下签订《亚琛条约》，只获得了弗兰德尔部分地区。法荷战争结束后，根据1678年《尼姆维根条约》，法国获得了弗兰德尔大部分地区。西班牙王位继承战争结束后，根据《乌得勒支条约》，西属尼德兰划归奥地利，变成奥属尼德兰。参见米涅. 法国史［M］. 蔡鸿滨，译. 北京：商务印书馆，1985：132；布罗尔. 荷兰史［M］. 郑克鲁，金志平，译. 北京：商务印书馆，1974：21-23，95-96；张芝联. 法国通史［M］. 北京：北京大学出版社，1989：117；王绳祖. 国际关系史：第一卷［M］. 北京：世界知识出版社，1995：96；马汉. 海权对历史的影响：1660—1783［M］. 安常容，成忠勤，译. 北京：解放军出版社，1997：166.

② 路易十一于1468年击败布列塔尼公爵，签署昂斯尼条约，为布列塔尼的收复做了准备。

③ 波斯坦，里奇，米勒. 剑桥欧洲经济史：第三卷［M］. 周荣国，张金秀，译. 北京：经济科学出版社，2002：253.

④ 欧文. 国富策：自由贸易还是保护主义？［M］. 梅俊杰，译. 上海：华东师范大学出版社，2013：39.

商业条件，保护和扶持商业和手工业的相关措施①。但是，只有英法百年战争以后的路易十一统治时期，法国才真正实现了王权的集中和领土的统一。可以认为，从路易十一的统治时期开始，法国产生了统一的国家经济政策。以粮食政策为例，中世纪晚期，法国的粮食贸易主要受地方和城镇的控制。"只有到了路易十一统治时期，一些类似全国性粮食政策的东西才附加到了地方性的法规之上。"②

路易十一也被称为第一个"资产阶级国王"③（或"市民式的国王"④）。他给予资产阶级或市民大量的任职机会，甚至如佩尔努所言："如果仔细观察一下这个集团国家的各个组成部分，我们会发现，每个机构都把上升的机会留给了资产阶级。"⑤在经济上，路易十一开始重视统一政权下全国的经济发展，并大力扶持工商业，表现出一定的重商主义倾向⑥。但路易十一振兴国家经济的目的并不是发展工商业本身，而是为了巩固王权和增加政府收入。因此，当外国商人和自由贸易能够为政府带来大量收入时，路易十一就会背离重商主义⑦。他对汉萨同盟等外国商人的态度可以说明这一点⑧。

对于财政问题，路易十一习惯于向王室官员借贷，"出售官职的做法部分就是因为这些借贷而产生的"⑨，这可谓法国卖官鬻爵制度的始作俑者。在税收方面，路易十一将直接税的征收限制在农村，而将消费税的征收限制在城镇，"直接税的负担主要落在农民阶级身上……法国君主政府的整个财政体系因此被永久扭曲"⑩。这个扭曲的财政体系显

---

① 王渊明. 试论中古法国市民与君权关系［J］. 杭州大学学报：哲学社会科学版，1986（2）：122-130.
② 波斯坦，里奇，米勒. 剑桥欧洲经济史：第三卷［M］. 周荣国，张金秀，译. 北京：经济科学出版社，2002：27.
③ 佩尔努. 法国资产阶级史：从发端到近代［M］. 康新文，等，译. 上海：上海译文出版社，1991：281.
④ 米盖尔. 法国史［M］. 蔡鸿滨，译. 北京：商务印书馆，1985：131.
⑤ 米盖尔. 法国史［M］. 蔡鸿滨，译. 北京：商务印书馆，1985：283.
⑥ 波斯坦，里奇，米勒. 剑桥欧洲经济史：第三卷［M］. 周荣国，张金秀，译. 北京：经济科学出版社，2002：277.
⑦ 自由贸易往往对贵族有利，因而贵族阶级也成为保护主义的反对者。参见罗琴斯卡娅. 法国史纲：十七世纪—十九世纪［M］. 刘立勋，译. 北京：生活·读书·新知三联书店，1962：33.
⑧ 波斯坦，里奇，米勒. 剑桥欧洲经济史：第三卷［M］. 周荣国，张金秀，译. 北京：经济科学出版社，2002：282.
⑨ 波斯坦，里奇，米勒. 剑桥欧洲经济史：第三卷［M］. 周荣国，张金秀，译. 北京：经济科学出版社，2002：422.
⑩ 波斯坦，里奇，米勒. 剑桥欧洲经济史：第三卷［M］. 周荣国，张金秀，译. 北京：经济科学出版社，2002：421-422.

然不利于法国经济的发展。可见，路易十一采取了一些积极的重商主义政策，但他在财政税收政策方面却是消极的。正如汤普逊所言："要估计路易十一和查理八世的经济政策的价值是困难的。在这个时期，即大约15世纪的后四十年，法国经济复苏既为政府的政策大大推动，也受到它的严重阻碍。"[①]

## 1.4 本章小结

作为正式讨论法国经济政策史的一个铺垫，本章首先简要概述了法国民族国家的形成过程。在中世纪大部分时期，法国处在分裂和战乱状态中，没有形成统一的国家政权，因而也没有真正意义上的国家经济政策。或者说，在民族国家形成之前，法国的经济政策多属于地方性的。百年战争结束以后，至路易十一和查理八世统治时期，法国基本实现了领土的统一，王权也得到了集中。此时，法国具备了制定国家经济政策的基本条件。因此，路易十一统治时期，法国出现了全国性的经济政策。其中一些政策表现出了某种重商主义的倾向，但还不是真正意义上的重商主义政策。总体而言，卡佩王朝和瓦罗亚王朝都没有出现真正以发展制造业为核心的重商主义政策。在下一章的分析中会看到，从波旁王朝的开国皇帝亨利四世统治时期开始，法国出现了真正的重商主义萌芽。

---

① 汤普逊. 中世纪晚期欧洲经济社会史 [M]. 徐家玲，等，译. 北京：商务印书馆，1992：675.

# 2 柯尔培尔重商主义时代

法国的重商主义时代主要是指柯尔培尔时代，但也不能忽视那些先驱者。如上一章所述，路易十一统治时期的法国已经出现了一些重商主义倾向的经济政策，但真正的重商主义政策主要出现在亨利四世时期。

## 2.1 柯尔培尔时代之前的法国及重商主义先驱

在亨利四世执政之前的15世纪末和16世纪的大部分时间里，法国四代君主相继卷入了长达一个世纪的战争中，即意大利战争（1494—1559年）和宗教战争（1562—1598年）。意大利战争起初因为米兰公国的继承权引发，但至弗朗索瓦一世（1515—1547年）时演变为与哈布斯堡王朝之间的欧洲霸权争夺战。法国在这场争霸战中，收复了加来（1558年）等港口城市并获得了梅斯、土尔和凡尔登三个主教管辖区，但也付出了巨大的代价。

从经济方面看，意大利战争对法国本土没有造成严重的破坏，对其国内经济影响不大。就有利的方面而言，战争往往催生保护主义，对纺织业、冶金业、造船业和印刷业等国内制造业都有一定的推动作用。在米盖尔看来，"战争是发展这些新兴工业的不容质疑的因素"①。但从长远的经济发展看，随着大西洋贸易的兴起，地中海已经丧失其在世界贸易中的核心地位，因而法国"想通过意大利深入近东的企图不可能具有重大的经济意义"②。

意大利战争结束以后，法国又遭遇了残酷的宗教战争。这场战争使法国再次陷入四分五裂的境地，王权遭到严重破坏，甚至被封建贵族所左右。米盖尔指出："自路易十一以来，法国历代国王为消除贵族的野心尽了极大的努力，但这一切都被天主教徒和新教徒之间的对抗破坏了。"③经济上也遭受了重创，"在工商业繁荣的普罗万，原有1 800台呢绒机，到1 598年只剩下了4台；仅亚眠一地，由于工厂倒闭就有四五千人沦为乞丐"。④宗教迫害还导致大量的胡格诺教派的技术工人移居英国、荷兰等地，这对法国制造业而言是一个重大损失。

亨利四世时期（1589—1610年），宗教冲突得到了暂时的缓和。亨利四世本为新教（胡格诺）教徒，但迫于天主教的强大压力，他改宗为天主教徒，以笼络天主教派的贵族势力，从而使其王位得以稳固。随后，亨利四世于1598年颁布"南特敕令"，在承认天主教为国教的同时，给予新教以信仰和行动自由，至此，持续了36年的宗教战争终于宣告结束。"南特敕令"作为法国宗教战争的产物，也开始了法国宗教宽容政策的先河，"也是西欧第一个对异教徒宽容的法令"⑤。

南特敕令对法国经济产生了非常积极的影响，因为新教胡格诺派的成员多数都是工商业者。亨利四世在商人拉菲马的建议下实施了保护主义政策，即禁止丝织品和毛织品输入法国⑥。拉菲马还主持成立了"贸易委员会"，在扶植手工工场和开展技术革新方面做出了贡献⑦。在财政

① 米盖尔. 法国史 [M]. 蔡鸿滨，译. 北京：商务印书馆，1985：150.
② 波梁斯基. 外国经济史（封建主义时代）[M]. 北京大学经济史经济学说史教研室，译. 北京：生活·读书·新知三联书店，1958：479.
③ 米盖尔. 法国史 [M]. 蔡鸿滨，译. 北京：商务印书馆，1985：168.
④ 张芝联. 法国通史 [M]. 北京：北京大学出版社，1989：98.
⑤ 赵恒烈. 外国史趣话 [M]. 济南：山东教育出版社，1986：200.
⑥ 瑟诺博斯. 法国史 [M]. 沈炼之，译. 北京：商务印书馆，1972：303.
⑦ 柳勃林斯卡娅，普里茨克尔，库兹明. 法国史纲 [M]. 北京编译社，译. 北京：生活·读书·新知三联书店，1978：193.

大臣苏利的辅佐下①，亨利四世通过减免农民税收和引进先进技术等促进农业生产，并通过改善交通以促进国内贸易。在税收政策方面，亨利四世增加了官职税②。这一税收政策尽管在短期内缓解了法国的财政困难③，但也导致了法国卖官鬻爵的制度化（或法律化④）。其结果是王国的权力被"'零售'出去了"，并"造成了一个世袭王家官职的阶层"⑤。

同时，亨利四世还积极支持国际贸易，1604年成立东印度公司和诺曼底商人公司，并在北美魁北克建立了殖民据点⑥。但与同时期的英国比较，法国对国际贸易的支持是远远滞后的。或者如一些学者所认为的那样，亨利四世"没有为海外殖民地留下多少位置"⑦。总体而言，亨利四世的经济政策对法国经济产生了积极影响，特别是一些手工工场迅速发展起来，但其重商主义计划并未变成现实，尤其是保护主义政策并没有落实下去⑧，导致"他要使国家富庶的计划……始终只是一些设想"⑨。

亨利四世去世后，法国很快又陷入了一片混乱，直到黎塞留得到路易十三的重用并掌握实权以后，法国的王权专制才得以恢复和强化。黎塞留掌权期间（1624—1642年），不仅消除了新教派"国中之国"的威胁，而且取得了"三十年战争"（1618—1648年）的决定性胜利。黎塞留为法国经济的发展也做出了很大贡献。

在他掌权的时间里（1624—1642年），亨利四世的重商主义计划得到了进一步的发展。对于工商业，黎塞留实施了补贴、税收减免等鼓励

---

① 有学者指出了苏利在发展法国工业方面的贡献："国家控制的48个手工工场，其中40个是苏利创建的。"参见林芊. 论资本的原始积累与法国大革命之振荡节律 [J]. 贵州师专学报：社会科学版，1993（2）：57-65，73.

② 这一税种是由法国金融家波莱提出的。参见佩尔努. 法国资产阶级史：近代 [M]. 康新文，等，译. 上海：上海译文出版社，1991：77.

③ 官职税对政府财政的意义并不局限于增加税收，而是"亨利四世和苏利为了争取官吏们对减少公债年金支付的默许而付出的代价……是对王家官吏实行的'胡萝卜加大棒'策略中的胡萝卜"。参见柯林斯. 君主专制政体下的财政极限：17世纪上半叶法国的直接税制 [M]. 沈国华，译. 上海：上海财经大学出版社，2016：65.

④ 安德森. 绝对主义国家的系谱 [M]. 刘北成，龚晓庄，译. 上海：上海人民出版社，2000：91.

⑤ 米盖尔. 法国史 [M]. 蔡鸿滨，译. 北京：商务印书馆，1985：186.

⑥ 王绳祖. 国际关系史：第一卷 [M]. 北京：世界知识出版社，1995：36.

⑦ 里奇，威尔逊.剑桥欧洲经济史：第四卷 [M]. 张锦冬，钟和，晏波，译. 北京：经济科学出版社，2003：299.

⑧ 佩尔努. 法国资产阶级史：近代 [M]. 康新文，等，译. 上海：上海译文出版社，1991：132.

⑨ 瑟诺博斯. 法国史 [M]. 沈炼之，译. 北京：商务印书馆，1972：310.

措施，并辅助以关税保护政策。为了改变"法国人在航海时不得不挂荷兰旗帜"①的软弱形象，黎塞留大力发展海上事业，并在造船业、港口建设和壮大海军力量等几个方面取得一定的成效②。他还积极支持海外贸易公司的建设，以在加拿大、塞内加尔、加勒比海地区、圭亚那和马达加斯加等地开展贸易和殖民活动③。黎塞留也非常重视国内贸易条件的改善，如开凿运河等。

黎塞留的重商主义政策推动了17世纪法国经济的发展，但跟亨利四世一样，他的整个计划没有得到有效的实施，正如波梁斯基所言："许多事业始终是官僚主义的空想。"④值得强调的是，黎塞留对后来法国最著名的重商主义者柯尔培尔产生了深远影响。柯尔培尔将黎塞留视为自己的模范和偶像，"黎塞留的无比威严和一丝不苟让他佩服得五体投地"⑤。

对于宗教问题，在黎塞留的支持下，路易十三颁布了"阿莱斯恩典敕令"。该敕令基于中央集权的考虑解散了军队和组织，从而消除了"国中之国"的威胁，但依然承认南特敕令，给予新教徒信仰自由。此外，该敕令还规定，"允许贵族经商与从中谋利，他们仍然保持贵族身份，同时规定大商人、大船主可以获得贵族资格"⑥。按照法国的传统习惯，贵族经商赚钱被认为有失贵族身份，而阿莱斯恩典敕令是对这一习俗的背离，鼓励贵族经商，或者说是鼓励贵族资产阶级化，但实际结果却适得其反，导致了资产阶级贵族化⑦。这一趋势也改变了法国贵族的性质，即"作战的和乡村的'佩剑贵族'渐渐被平民的和城市的'长袍贵族'取而代之"⑧。

---

① 波梁斯基. 外国经济史（封建主义时代）[M]. 北京大学经济史经济学说史教研室，译. 北京：生活·读书·新知三联书店，1958：502.
② 佩尔努. 法国资产阶级史：近代 [M]. 康新文，等，译. 上海：上海译文出版社，1991：128.
③ 张芝联. 法国通史 [M]. 北京：北京大学出版社，1989：108.
④ 波梁斯基. 外国经济史（封建主义时代）[M]. 北京大学经济史经济学说史教研室，译. 北京：生活·读书·新知三联书店，1958：503.
⑤ 缪拉·科尔贝：法国重商主义之父 [M]. 梅俊杰，译. 上海：上海远东出版社，2012：9-10.（科尔贝即柯尔培尔，见《辞海》（6版）"柯尔培尔"条目，全书同）.
⑥ 郭华榕. 法国政治制度史 [M]. 北京：人民出版社，2005：41.
⑦ 波梁斯基. 外国经济史（封建主义时代）[M]. 北京大学经济史经济学说史教研室，译. 北京：生活·读书·新知三联书店，1958：477.
⑧ 瑟诺博斯. 法国史 [M]. 沈炼之，译. 北京：商务印书馆，1972：303. 1614年，大革命前最后一次三级会议还通过一项提案，认为贵族经商或从事银行业都是有失身份的。参见佩尔努. 法国资产阶级史：近代 [M]. 康新文，等，译. 上海：上海译文出版社，1991：131.

路易十三和黎塞留相继去世后，马扎然（1643—1661年）继承了黎塞留的遗志，赢得了三十年战争的最终胜利[①]，并成功镇压了封建贵族掀起的"福隆德运动"（又称投石党运动）（1648—1653年）。在外交活动中，马扎然也为法国争取了利益。1659年法国迫使西班牙签订《比利牛斯山和约》，承认法国对阿图瓦和鲁西永的兼并。因忙于战争和内乱，马扎然可能无暇顾及国家经济建设[②]。总体而言，黎塞留和马扎然两任首相所做的贡献，为路易十四建立稳固的绝对君主制奠定了坚实基础。

路易十四亲政时期（1661—1715年），法国的绝对主义或绝对君主制[③]发展至顶峰，"初步实现了政治、司法和财政的统一，把传统的地方封建贵族最终降为中央政权的附庸，使之不再构成民族分裂的隐患"[④]。路易十四时期曾一度实行了柯尔培尔重商主义政策，使法国经济获得了一次难得的发展机遇。

## 2.2 柯尔培尔重商主义时代

法国重商主义之父柯尔培尔在投石党运动爆发后得到马扎然的重用，并成为他的私人专员直至他1661年去世。马扎然在遗书中向路易十四推荐了柯尔培尔，希望他能得到重用[⑤]。柯尔培尔没有令马扎然失望，以出色的表现赢得了路易十四的充分信任。自1661年被任命为财政监督官，柯尔培尔实际上掌控了法国的财政大权，并主导了司法、贸易、工业等多个关键部门的改革。这使柯尔培尔得以在振兴法兰西道路上大展宏图，成就了法国史上著名的柯尔培尔时代。

---

① 可以说，三十年战争削弱了西班牙和德国，从而使法国更加强大。有学者甚至指出："17世纪的法国，靠着打劫它两个最弱的邻邦——西班牙和德国而强盛起来。"援引自王绳祖. 国际关系史：第一卷 [M]. 北京：世界知识出版社，1995：64.
② 出于对英国资产阶级革命的反对，马扎然曾于1648年实施了禁止进口英国纺织品的措施。参见王绳祖. 国际关系史：第一卷 [M]. 北京：世界知识出版社，1995：84.
③ 郭华榕认为法国大革命前政治制度的发展划分为两个阶段，即等级君主制和绝对君主制。前者开始的标志是，1302年第一次三级会议的召开。1515年弗朗索瓦一世登基标志着法国政治制度由等级君主制转向绝对君主制。参见郭华榕. 法国政治制度史 [M]. 北京：人民出版社，2005：19.
④ 张芝联. 法国通史 [M]. 北京：北京大学出版社，1989：127.
⑤ 缪拉. 科尔贝：法国重商主义之父 [M]. 梅俊杰，译. 上海：上海远东出版社，2012：54.

### 2.2.1 柯尔培尔的财税改革

柯尔培尔就任财政监督官时，法国财政正处于严重的亏空状态，"1661年的支出是从1663年的收入（由包税人支付，代价高昂）中预支的"[①]。柯尔培尔为此开展了大刀阔斧的财税改革[②]。其一，通过中央直接委派的钦差大臣和督办官加强对地方税收的控制和监督[③]，抵制地方的权力滥用和腐败，确保地方税收的公平。其二，设立特别法庭审判各类徇私舞弊、贪赃枉法的包税人、贵族官员和食利者。其三，精简官员数量，大量赎回由卖官鬻爵制度设置的官职。其四，降低政府公债的利率，并减少其发行规模，以使资金转向工商业。柯尔培尔的这些改革措施取得了很大的成就。在税收趋于公正，农民税收压力得到减轻的同时，政府税收收入明显增加，且支出大量减少，从而使政府财政收支趋于平衡。"1661—1671年间，王国净岁入翻了一番，系统地实现了预算增收"[④]。

柯尔培尔在公共财政领域引入了秩序和公正的概念[⑤]，且功绩斐然。然而，在开展更深层次财政制度设计和落实时，柯尔培尔则举步维艰[⑥]。考虑到人头税的不公正，柯尔培尔一直致力于实施以土地为基础的人丁税，但至死也未能取得这项改革事业的成功。柯尔培尔曾努力组建"借贷基金"中央储备银行，以树立政府信誉并有效解决政府举债问题[⑦]，但这项改革事业同样付诸东流。柯尔培尔坚决反对卖官鬻爵制度，但在

① 米盖尔. 法国史 [M]. 蔡鸿滨，译. 北京：商务印书馆，1985：224.
② 缪拉. 科尔贝：法国重商主义之父 [M]. 梅俊杰，译. 上海：上海远东出版社，2012：92-103.
③ 可以称之为巡按使制度，在黎塞留时代就已经开始施行。参见罗琴斯卡娅. 法国史纲：十七世纪—十九世纪 [M]. 刘立勋，译. 北京：生活·读书·新知三联书店，1962：26.
④ 安德森. 绝对主义国家的系谱 [M]. 刘北成，龚晓庄，译. 上海：上海人民出版社，2000：100.
⑤ 缪拉. 科尔贝：法国重商主义之父 [M]. 梅俊杰，译. 上海：上海远东出版社，2012：146. 当然，柯尔培尔的税收政策向农民倾斜也是迫于当时的社会压力，因为当时法国不断爆发大规模的农民起义。参见罗琴斯卡娅. 法国史纲：十七世纪—十九世纪 [M]. 刘立勋，译. 北京：生活·读书·新知三联书店，1962：12-13.
⑥ 缪拉. 科尔贝：法国重商主义之父 [M]. 梅俊杰，译. 上海：上海远东出版社，2012：234-239.
⑦ 政府举债是法国财政问题的一大祸根。税收无法满足政府需要的时候，政府向金融家和官员举债。由于无力偿还这些债务，政府会通过转让税权（包税制）和卖官鬻爵等方式解决问题，而这正是法国财政弊病滋生的温床。参见柯林斯. 君主专制政体下的财政极限：17世纪上半叶法国的直接税制 [M]. 沈国华，译. 上海：上海财经大学出版社，2016：30，37；波斯坦，里奇，米勒. 剑桥欧洲经济史：第三卷 [M]. 周荣国，张金秀，译. 北京：经济科学出版社，2002：422.

荷兰战争爆发以后，巨大的财政支出使他又不得不依靠这种制度来救急①。

此外，柯尔培尔被认为是"现代公共财政的真正创始人"②，他提出了一套国家预算的理念和方法，建议国王路易十四实施国家预算制度，但路易十四对此"采取一副麻木不仁的态度"③。总之，柯尔培尔对法国财政改革有一套宏大的计划和清晰的思路，但由于贵族的抵制、战争、路易十四的不重视等不利因素，这个计划最终搁浅了。正如瑟诺博斯所言："在财政方面，他的影响是暂时的；他对于财政制度一点也没有改变，对于支出的旧习惯也没有变更。"④

### 2.2.2 柯尔培尔重商主义体系

柯尔培尔的最突出贡献是他的重商主义体系，他因此被誉为"法国重商主义之父"。柯尔培尔继承和发展了黎塞留的事业，成为重商主义的坚定实施者和集大成者⑤。本章从工业、国内市场和海洋事业（包括海军和海外贸易）三个方面讨论柯尔培尔的重商主义体系。

（1）对工场手工业的扶持和保护

柯尔培尔对法国制造业做了大规模的普查，拟定了一份工业发展纲要，并列出一份法国所需生产的产品及设场位置的详细清单，包括：壁毯、瓷器、玻璃器皿等奢侈品和出口品生产；钢铁冶金、造纸、军备等基础产品生产；毛巾、麻布、呢布等日常消费品生产。为此，柯尔培尔通过一系列措施推动法国建立逾四百家制造工场⑥。授予特权和给予补贴是重商主义的惯用政策。柯尔培尔在这方面更是毫不吝啬，凭借政府财力为工场手工业提供了大量补助和贷款。例如，"在柯尔培尔当权时期内，补助丝绸、花边和花毡生产的费用共有550万里弗尔之多，补助织呢生产的费用共有200万里弗尔"⑦。同时，柯尔培尔还为手工工场

① 黎塞留也有过这种尝试，同样失败。参见瑟诺博斯. 法国史 [M]. 沈炼之，译. 北京：商务印书馆，1972：314.
② 缪拉. 科尔贝：法国重商主义之父 [M]. 梅俊杰，译. 上海：上海远东出版社，2012：79.
③ 缪拉. 科尔贝：法国重商主义之父 [M]. 梅俊杰，译. 上海：上海远东出版社，2012：270.
④ 瑟诺博斯. 法国史 [M]. 沈炼之，译. 北京：商务印书馆，1972：332.
⑤ 梅俊杰. 论科尔贝及其重商主义实践 [J]. 社会科学，2012（12）：135-144.
⑥ 波德. 资本主义的历史：从1500年到2010年 [M]. 郑方磊，任轶，译. 上海：上海辞书出版社，2011.
⑦ 波梁斯基. 外国经济史（封建主义时代）[M]. 北京大学经济史经济学学说史教研室，译. 北京：生活·读书·新知三联书店，1958：507.

主及其工人提供免除税收和服兵役，以及廉价获得食盐供应等各种政策优待①。需要指出的是，柯尔培尔特别重视"王家手工工场"的创办，主要生产军需品和王室使用的奢侈品。

柯尔培尔也非常重视手工业人才和技术的引进。在禁止法国工匠和工场主移居国外的同时，鼓励外国人才移民法国，甚至采取特殊措施引进外国的矿工、玻璃工、制镜工等。正是基于人才的考虑，柯尔培尔坚持宗教宽容的态度，因为"工业家和财政家，帮工和手工业者往往都是胡格诺教徒"②。柯尔培尔也注重引进国外先进机器和学习外国先进技术，他曾派他的儿子塞涅莱到威尼斯、荷兰和英国等地考察学习，负责把先进生产技术带回法国③。针对国外竞争，柯尔培尔实施了关税保护政策。1664年，柯尔培尔制定了首批非常详尽的关税目录。这次关税税率不算高，其主要目的是保护刚起步的工业，同时又不阻碍欧洲贸易④。1667年，柯尔培尔真正大幅提高了关税率（见表2-1），对荷兰、英国等发起了贸易战。

表2-1　　　　　　　　**法国1664年和1667年的关税额**

| 项目 ＼ 关税额 | 1664年关税额 | 1667年关税额 |
|---|---|---|
| 丝袜（每打） | 3里弗尔10苏 | 8里弗尔 |
| 英国绒布（每件） | 6里弗尔 | 12里弗尔 |
| 羊毛帽子（每英担） | 8里弗尔 | 20里弗尔 |
| 安特卫普和布鲁塞尔挂毯（每英担） | 120里弗尔 | 200里弗尔 |
| 荷兰和英国布匹（每25厄尔） | 50里弗尔 | 100里弗尔 |

资料来源　缪拉. 科尔贝：法国重商主义之父［M］. 梅俊杰，译. 上海：上海远东出版社，2012：150.

（2）国内统一市场的建设

柯尔培尔执政时，法国国内市场的建设是严重落后的，尽管存在大量的集市，但多数集市是地方性的，在不同地区间"交通收费站和内部

---

① 波梁斯基. 外国经济史（封建主义时代）［M］. 北京大学经济史经济学说史教研室，译. 北京：生活·读书·新知三联书店，1958：508.
② 米盖尔. 法国史［M］. 蔡鸿滨，译. 北京：商务印书馆，1985：223.
③ 佩尔努. 法国资产阶级史：近代［M］. 康新文，等，译. 上海：上海译文出版社，1991：140.
④ 缪拉. 科尔贝：法国重商主义之父［M］. 梅俊杰，译. 上海：上海远东出版社，2012：148.

关卡使得人流和物流戛然而止，也使得法国人觉得大家不属于同一个国家"①。这种内部关税体制是法国地方市场分割的最突出表现之一，究其原因，法国在实现领土统一过程中，先后并入法国的各个省区在许多方面仍保留着相当大的独立性。正是这种地区差异性导致法国形成混乱的内部关税体制。柯尔培尔为此挖空心思，总算实现了包括法国北部和中部14省区的五大包税区的关税税率统一②。但这仅仅相当于统一了半个法国的税率，对于其他省份的关税问题，柯尔培尔似乎无能为力。具有讽刺意味的是，一些省份实现了与外国的自由贸易，但与国内其他省区开展贸易往来时却遭遇关税的困扰③。

地方性差异还导致法国不同地方市场之间缺少统一的度量衡和稳定的货币体系。为此，柯尔培尔也做出了巨大努力。针对货币体系的混乱，他取缔了各个地方多样化的货币，以实现货币统一，并维护币值稳定④。在统一度量衡方面，柯尔培尔也做出了努力，但未能完成这一改革⑤。此外，在交通改善方面，柯尔培尔不断加大对道路建设的投入，使路桥部门的预算从1662年的2.2万里弗尔提高到1671年的62.3万里弗尔⑥。他还特别重视水路建设，在疏通水道的同时，还通过开凿运河加强国内市场的统一，甚至有联通地中海、大西洋和北海的战略雄心⑦。但战争挫败了柯尔培尔的这一雄心。

（3）大力发展海军和海外贸易

在海洋事业方面，柯尔培尔首先继承了黎塞留的遗志。黎塞留在世时意识到海洋事业的重要性，尤其是当时的海上强国荷兰成为他的一块心病。因此，黎塞留在发展海洋事业上煞费苦心，尽管不是很成功，但

---

① 缪拉. 科尔贝：法国重商主义之父［M］. 梅俊杰，译. 上海：上海远东出版社，2012：158.
② 黄艳红. 法国旧制度末期的税收、特权与政治［M］. 北京：社会科学文献出版社，2016：61.
③ 黄艳红. 法国旧制度末期的税收、特权与政治［M］. 北京：社会科学文献出版社，2016：62.
④ 佩尔努. 法国资产阶级史：近代［M］. 康新文，等，译. 上海：上海译文出版社，1991：139；缪拉. 科尔贝：法国重商主义之父［M］. 梅俊杰，译. 上海：上海远东出版社，2012：153.
⑤ 缪拉. 科尔贝：法国重商主义之父［M］. 梅俊杰，译. 上海：上海远东出版社，2012：153.
⑥ 缪拉. 科尔贝：法国重商主义之父［M］. 梅俊杰，译. 上海：上海远东出版社，2012：160.
⑦ 缪拉. 科尔贝：法国重商主义之父［M］. 梅俊杰，译. 上海：上海远东出版社，2012：160.

为后继者柯尔培尔奠定了一定的基础。柯尔培尔在造船业、港口建设和壮大海军力量等各个方面都实现了重要的突破。尤其是造船业，被认为是"柯尔培尔工业政策的一个杰作"[①]。造船业的发展为法国建立强大的海军奠定了基础，"10年中，他成功地把法国舰队的船只由1662年的30艘发展到174艘，这还不包括209艘帆桅战船。在他1683年去世时，又增至256艘，当时的船员人数达5.4万人之众"[②]。在海军的管理制度建设方面，柯尔培尔也有重要贡献，影响了整个18世纪的法国，并延续至今[③]。当然，柯尔培尔所建立的海军不仅仅是数量的增长，而且体现出强大的战斗力，1676年在对阵荷兰与西班牙联合舰队的战役中获胜足以说明这一点[④]。

此外，柯尔培尔还继承黎塞留的遗志[⑤]，创建大型贸易公司，大力发展殖民地经济。1664年，柯尔培尔重建了东印度公司，同时开创了西印度公司，前者以发展好望角以东的海外贸易为己任，后者则是为了在美洲和西非开拓市场并建立殖民地。1669年和1670年，柯尔培尔相继开创了北方公司（或北海公司）和东方公司，前者是为了与荷兰等国争夺波罗的海的贸易霸权，后者为发展法国与土耳其和埃及的贸易关系发挥了作用。此外，为了发展奴隶贸易，柯尔培尔还于1673年创建了塞内加尔公司。受这些公司的推动，法国殖民地得以大规模扩张，对法国工业品输出等方面的经济发展发挥了重要作用。但遗憾的是，柯尔培尔的这些重要举措缺乏足够的支持，除了东印度公司经营了比较长的时间外，其他公司都在较短的时间内以解散而告终。

（4）柯尔培尔的成就

柯尔培尔的重商主义政策取得了巨大成就，被赖纳特称赞为"在英

---

① 佩尔努. 法国资产阶级史：近代 [M]. 康新文，等，译. 上海：上海译文出版社，1991：138.

② 另一说指出："创建海军是科尔贝最无可置疑的成就……他在1661年继承了18艘战舰，而到1683年时，他留下了276艘战舰。"参见缪拉. 科尔贝：法国重商主义之父 [M]. 梅俊杰，译. 上海：上海远东出版社，2012：173.

③ 缪拉. 科尔贝：法国重商主义之父 [M]. 梅俊杰，译. 上海：上海远东出版社，2012：279-280.

④ 按照马汉的分析，经过柯尔培尔的建设，法国的海军力量实际上比英国和荷兰联合起来都要大。参见马汉. 海权对历史的影响：1660—1783 [M]. 安常容，成忠勤，译. 北京：解放军出版社，1997：175-176.

⑤ 马扎然执政的时候，柯尔培尔就曾劝说他复兴黎塞留所憧憬的贸易公司和殖民事业。参见缪拉. 科尔贝：法国重商主义之父 [M]. 梅俊杰，译. 上海：上海远东出版社，2012：183.

格兰的都铎王朝之后，第一个成功的重商主义体系"①。在手工业方面，曾经依赖于国外进口的多数产品实现了自给自足，并形成了国际竞争力，尤其在麻织业、丝织业等制造业领域走到了英国前面。"布列塔尼的亚麻布、里昂和特鲁瓦的丝绸、兰圭多克的细呢绒，以及肥皂、皮革、糖、玻璃、花边等商品不仅行销全法国，而且销往国外。"②首都巴黎还成为欧洲重要的奢侈品和艺术品生产中心。李斯特对此也给予了非常高的评价："自从柯尔培尔执政以后，法国才第一次有了大工业。"③

在海洋和外贸事业上，柯尔培尔为法国建立了强大的海军，开拓了广阔的殖民地，"港口的改善、海军训练的进步、海上法令的统一，都代表了不折不扣的成功"④。不难看出，柯尔培尔非常有远见地设计了一幅全球海洋战略的宏伟蓝图，并为法国在北美、加勒比、印度及西非等地殖民地事业的发展奠定了最重要的基础。正如马汉所言："正是由于柯尔培尔的才干，已使路易掌握了海权的要素。"⑤

当然，柯尔培尔难免有失误的地方，在强调发展工业的同时，他对农业重视不够，在农业政策上存在缺陷。基于降低工业成本的考虑，他认为应该尽可能地压低工人工资⑥。这些都不利于工业的可持续发展。总体而论，柯尔培尔的成就是不容抹杀的，正如安德森所言："1661年至1672年……无论从行政上、经济上，还是从文化上看，这都是路易十四统治最辉煌的年代。几乎所有不朽的业绩都由此开始。"⑦

### 2.2.3 柯尔培尔重商主义体系的主要障碍

柯尔培尔取得的上述成就绝非易事，中间遇到了几乎无法逾越的层

---

① 赖纳特，贾根良. 穷国的国富论：演化发展经济学论文选（下卷）[M]. 北京：高等教育出版社，2007：49.
② 波梁斯基. 外国经济史（封建主义时代）[M]. 北京大学经济史经济学说史教研室，译. 北京：生活·读书·新知三联书店，1958：510.
③ 李斯特.政治经济学的国民体系 [M]. 陈万煦，译. 北京：商务印书馆，1961：89.
④ 缪拉. 科贝：法国重商主义之父 [M]. 梅俊杰，译. 上海：上海远东出版社，2012：279.
⑤ 马汉. 海权对历史的影响：1660—1783 [M]. 安常容，成忠勤，译. 北京：解放军出版社，1997：102.
⑥ 缪拉. 科贝：法国重商主义之父 [M]. 梅俊杰，译. 上海：上海远东出版社，2012：156-157.
⑦ 安德森. 绝对主义国家的系谱 [M]. 刘北成，龚晓庄，译. 上海：上海人民出版社，2000：99.

层障碍。这些障碍才是法国经济最终走向崩溃的原因。这些障碍导致柯尔培尔的重商主义体系未能得到持续的贯彻。1683年柯尔培尔的去世，被赖纳特认为是"成功的法国经济政策消亡之时"。[①]

（1）战争与财政体系的恶化

柯尔培尔执政的前十年创造了不朽的业绩，但随之而来的荷兰战争却毁灭了他的宏伟蓝图。基于壮大法国经济，尤其是争夺海上贸易霸权的考虑，柯尔培尔是支持荷兰战争的。也就是说，柯尔培尔深知战争的根本目的应当服务于经济。为此，柯尔培尔"一直力图让国王相信，应当如同渴求领土一样渴求经济实力；经济战等于就是军事战"[②]。但路易十四并未吸收柯尔培尔这一认识，"仍然在用政治战略和领土征服这些传统概念思考问题"[③]。

路易十四对经济重要性的认识不足，导致"柯尔培尔所期望的一场推翻敌人的经济战，随之蜕变为一场旨在保卫或者扩大地盘的传统战争"[④]。这场战争的结局更使柯尔培尔失望，尽管法国的领土得以扩张，国际威信得到提高，甚至法语成为欧洲外交语言[⑤]，但在1678年的《尼姆维根条约》中，"1667年关税遭到废除，阿姆斯特丹的商人可以按照比1672年前更好的条件进行自由贸易"[⑥]。换言之，柯尔培尔的重商主义政策被抛弃了，法国制造业失去了保护。

从财政上看，法国付出了惨重的代价，却未得到应有的经济补偿。为了筹措战争经费，柯尔培尔不得不中止其苦心设计的财政改革，例如，他不得不重启卖官鬻爵制度，这是"法国政府体系最严重的弱点之一"[⑦]。法国本已好转的财政体系再次趋于恶化。与此同时，出于对国王的忠诚，柯尔培尔也无法阻止王室的奢华生活。尽管柯尔培尔为此向

---

① 赖纳特，贾根良. 穷国的国富论：演化发展经济学论文选（下卷）[M]. 北京：高等教育出版社，2007：41.
② 缪拉. 科尔贝：法国重商主义之父 [M]. 梅俊杰，译. 上海：上海远东出版社，2012：135.
③ 缪拉. 科尔贝：法国重商主义之父 [M]. 梅俊杰，译. 上海：上海远东出版社，2012：149.
④ 缪拉. 科尔贝：法国重商主义之父 [M]. 梅俊杰，译. 上海：上海远东出版社，2012：199.
⑤ 瑟诺博斯. 法国史 [M]. 沈炼之，译. 北京：商务印书馆，1972：342.
⑥ 缪拉. 科尔贝：法国重商主义之父 [M]. 梅俊杰，译. 上海：上海远东出版社，2012：220.
⑦ 波斯坦，里奇，米勒. 剑桥欧洲经济史：第三卷 [M]. 周荣国，张金秀，译. 北京：经济科学出版社，2002：422.

国王表示过加强财政开支的控制，但无济于事①。作为建筑总监，他还不得不斥巨资为国王建设最豪华的宫廷。当然，柯尔培尔自己也沉浸在繁华奢靡之中。就这样，战争和奢靡浮华占据了政治舞台的中央，"国家财政便在丝竹靡靡、穷兵黩武之中江河日下"②。

战争等对资金的占用和财政状况的恶化对法国经济发展是致命的打击，导致柯尔培尔的重商主义政策无法得到持续实施。战争期间，政府对工厂的财政补贴明显减少甚至被取消。例如，一家王家挂毯厂，战前几年时间曾获得政府 17.5 万里弗尔的财政支持，但战争期间未受到任何资助③。柯尔培尔重商主义计划中的很多重要项目因为资金不足而被迫放弃或半途而废。其中，海外殖民计划在战争前就受到资金不足的约束，战争爆发则基本上宣告了这一计划的失败。西印度公司在荷兰战争爆发的第二年就宣告解散，北方公司也因为荷兰战争而很快中辍④。

（2）宗教宽容的缺乏

荷兰战争结束后，柯尔培尔重商主义体系又遭受了宗教迫害的重创。路易十四及其军事大臣勒泰利埃父子将天主教置于至高无上的地位，力求实现宗教统一，因而对胡格诺新教派的敌意不断加深。柯尔培尔则深知胡格诺派在法国工商业中发挥的重要作用，因而在不得不遵照国王旨意的同时，又一心想要保护来自胡格诺新教派的工商业者。然而，在临近去世的几年，柯尔培尔可能绝望地意识到，自己已经无法阻止排斥异教徒的滚滚浪潮。一个标志性事件是勒泰利埃之子卢瓦发动"龙骑兵运动"，以武力逼迫新教徒改宗天主教⑤。柯尔培尔去世后，路易十四于 1685 年颁布了废除南特敕令的命令，这个命令的起草者正是勒泰利埃。自此以后，法国完全结束了宗教宽容政策，不计其数的胡格

---

① 缪拉. 科尔贝：法国重商主义之父 [M]. 梅俊杰，译. 上海：上海远东出版社，2012：239-240.
② 缪拉. 科尔贝：法国重商主义之父 [M]. 梅俊杰，译. 上海：上海远东出版社，2012：215.
③ 缪拉. 科尔贝：法国重商主义之父 [M]. 梅俊杰，译. 上海：上海远东出版社，2012：239.
④ 佩尔努. 法国资产阶级史：近代 [M]. 康新文，等，译. 上海：上海译文出版社，1991：124.
⑤ 关于"龙骑兵运动"，参见米盖尔. 法国史 [M]. 蔡鸿滨，译. 北京：商务印书馆，1985：223；缪拉. 科尔贝：法国重商主义之父 [M]. 梅俊杰，译. 上海：上海远东出版社，2012：254.

诺派新教徒逃离法国，导致法国丧失了大量工商业者[①]。

法国经济由此导致的损失可以麻织业为例来说明。法国麻织业有着悠久的历史，其产品在欧洲市场也颇有竞争力，但宗教迫害给法国这一产业带来了灾难。在法国加剧宗教迫害的时候，英国则趁机将生产亚麻布的法国胡格诺工场主引入国内，以发展这个对英国来说陌生的行业，随后又引来4 500名法国诺曼底麻织工匠[②]。显然，英国将发展制造业置于中心位置，使宗教信仰服务于经济发展。荷兰战争之前，1670年英法秘密签订的《多佛尔条约》也反映了这一点[③]。

条约规定英法共同对付荷兰，英国国王查理二世许诺皈依天主教。在谈判过程中，查理二世要求法国在经济方面做出让步，包括停止扩充海军[④]，降低对英国商品的关税等。尽管柯尔培尔在关税等方面成功阻止了路易十四对英国的让步，但条约签订之时，查理二世已经为英国赢得了许多海外贸易的特权和利益[⑤]。1674年这一条约被曝光后，查理二世因皈依天主教遭遇举国上下的声讨，英国也因此与荷兰在威斯敏斯特签订和约，并退出战争。这一和约实际上使英国达到了目的，因为荷兰承认新的《航海条例》意味着其海上霸权将转让于英国。尽管查理二世被痛斥为卖国贼，但我们也有理由相信，在经济和宗教面前，查理二世将国家经济发展置于首位。

这就不难理解，在对战争的认识上，英国国王远远走在了法国国王的前面。路易十四在经济上的误判使英国成为这场战争中最大的经济受益者，也为其以后夺取海上霸权提供了有力条件。也正是基于经济上的考虑，柯尔培尔在荷兰战争结束后就敏锐地意识到，法国的真正对手是英国，应该着手准备同英国打一场经济战，但路易十四和他的军事大臣

---

① 具体数据可能有争议，参见梅俊杰. 论科尔贝及其重商主义实践 [J]. 社会科学，2012（12）：135-144.
② 参见梅俊杰. 自由贸易的神话：英美富强之道考辨 [M]. 北京：新华出版社，2014：59.
③ 英国在与法国结盟之前，曾试图与荷兰协商建立反法同盟，与西班牙密谋联合对付法国和荷兰，英国这一套复杂而阴险的国际关系处理手段都是出于英国经济利益考虑，尤其是海上贸易利益。
④ 有必要指出，在英法谈判过程中，查理二世明确表达了对法国海军的担忧。他在写给路易十四的信中说："对于英国和法国联合现在存在两个障碍。第一个是英国非常担心法国现在正在为发展贸易积极创造条件，担心法国将成为一个颇具影响的海上强国。"参见马汉. 海权对历史的影响：1660—1783 [M]. 安常容，成忠勤，译. 北京：解放军出版社，1997：58.
⑤ 黄丽媛，陈晓律. 对1670年英法《多佛尔条约》的重新解读 [J]. 英国研究，2011（2）：197-212.

将矛头指向了德国①。英国则趁机完成了光荣革命，并加入到反法同盟中，致力于消灭法国海军和争夺法国殖民地。总之，路易十四在经济上缺乏战略眼光是最令柯尔培尔失望的地方。

（3）地方性差异与封建割据

柯尔培尔在建设国内统一市场时遇到的最大阻力是封建割据。各个地方的官僚贵族为了自己的利益各自为政，致使法国出现了众多的关卡、不一致的度量衡以及混乱的货币体系等不利因素，进而导致法国各个地方之间处于经济隔离的状态。"17世纪法国国内市场的形成过程进行得极其缓慢，一直到1789年资产阶级革命前还没有完成。"②这种弊病根深蒂固，在制度上与土地分封有关，在客观上则与法国独特的人文地理有关。

中世纪的法国是欧洲不同贸易路线的中转国（主要是低地国家与意大利之间），从中介位置谋利成为不同地区的目标，且不同地区往往承担不同的中转功能（类似于外向型经济），地区间的政策又是相互独立的，难以形成全国统一的经济政策③。从产品结构看，法国没有一种产品（甚至是酒）占据主导地位。这两点与英国形成鲜明对比。英国地处欧洲贸易路线的末端，且以羊毛和布匹为主导产品。这有助于形成全国性的商业利益集团，促进国内市场的统一和国家政策的产生。"一些类似'国家'经济政策的东西便从这些羊毛贸易和布匹贸易中发展出来。"④而法国的不同处境则使其经济一体化举步维艰，政治上则趋于分裂。

法国封建割据的形成与地方性差异也息息相关。法国是一个非常尊重习惯与传统的国家，而传统与习俗的地方性差异在法国实现领土统一的过程中一直保留着。"国王在通过征服或联姻将某个地区纳入版图之

① 缪拉. 科尔贝：法国重商主义之父［M］. 梅俊杰，译. 上海：上海远东出版社，2012：254.

② 罗琴斯卡娅. 法国史纲：十七世纪—十九世纪［M］. 刘立勋，译. 北京：生活·读书·新知三联书店，1962：30.

③ 波斯坦，里奇，米勒. 剑桥欧洲经济史：第三卷［M］. 周荣国，张金秀，译. 北京：经济科学出版社，2002：246.

④ 波斯坦，里奇，米勒. 剑桥欧洲经济史：第三卷［M］. 周荣国，张金秀，译. 北京：经济科学出版社，2002：246.

后，往往必须以条约形式承认这个地区现存的法律和惯例。"①根深蒂固的地方性差异，导致法国直到大革命爆发前夕依然是一个实质上分散的国家。以税收制度为例，大革命爆发前夕，财政总监卡隆在 1787 年的一次会议上抱怨："一个省不用支付另一个省征收的税收。在后一个省，同一税收的税率和征收形式又与第三个省完全不同。"②可以说，"中央政府从来没有在任何真正意义上实行过专制统治"③。总之，在尊重地方差异性的基础上，采取税负由地方分摊的税收制度，意味着地方掌控了收税方法、税种和税率等诸多方面④。因此，柯尔培尔在统一税收政策方面举步维艰。

封建割据和地方性差异导致法国缺乏民族意识，也难以形成清晰的国家概念。柯尔培尔在以国家利益为本推行保护主义政策时往往受阻于封建贵族，因为关税保护与地方贵族的个体利益相冲突⑤。这一点法国与英国形成鲜明对比，英国早在 15 世纪之前就形成了普遍的经济民族主义⑥。此外，还令柯尔培尔揪心的是，法国人的个人主义色彩浓厚，更乐意发展个体经济或成立小型公司。因此，法国试图学习荷兰和英国成立大型贸易公司时，遇到了股份认购者稀少的尴尬困局⑦。这或许表明，法国人还相对缺少大商人具有的冒险精神。

（4）轻商观念与贵族价值观

法国还存在浓厚的轻商观念和资产阶级贵族化倾向。法国的轻商观念由来已久，亨利四世时的贸易大臣拉菲马就曾抱怨道："如果世界上存在蔑视的话，那就是对商人的蔑视。"⑧在 1614 年的三级会议上还明确规定，贵族从事商业是有失身份的。这种观念一直影响着法国社会。

① 黄艳红. 法国旧制度末期的税收、特权与政治 [M]. 北京：社会科学文献出版社，2016：44.
② 黄艳红. 法国旧制度末期的税收、特权与政治 [M]. 北京：社会科学文献出版社，2016：24.
③ 柯林斯. 君主专制政体下的财政极限：17 世纪上半叶法国的直接税制 [M]. 沈国华，译. 上海：上海财经大学出版社，2016：202.
④ 柯林斯. 君主专制政体下的财政极限：17 世纪上半叶法国的直接税制 [M]. 沈国华，译. 上海：上海财经大学出版社，2016：6，71.
⑤ 罗琴斯卡娅. 法国史纲：十七世纪—十九世纪 [M]. 刘立勋，译. 北京：生活·读书·新知三联书店，1962：33.
⑥ 波斯坦，里奇，米勒. 剑桥欧洲经济史：第三卷 [M]. 周荣国，张金秀，译. 北京：经济科学出版社，2002：280.
⑦ 缪拉. 科尔贝：法国重商主义之父 [M]. 梅俊杰，译. 上海：上海远东出版社，2012：194.
⑧ 佩尔努. 法国资产阶级史：近代 [M]. 康新文，等，译. 上海：上海译文出版社，1991：111.

黎塞留执政时曾试图改变这一观念，但他在1629年颁布的敕令①似乎起到了相反的作用，不但没有扭转法国人的轻商观念，反而更促进了资产阶级的贵族化。这种贵族化倾向本身就表明对商人地位的蔑视。1701年，商界曾向路易十四诉苦："商人的地位在法国极为悲惨。"②这种状况一直持续到19世纪和七月王朝时期③。

轻商观念根植于法国的贵族价值观。直到大革命前夕，这种价值观依然支配着法国社会，贵族身份被普遍认为是体现一个人优越的社会地位的价值符号。"作为第三等级精英的资产阶级也不自觉地承认了贵族的优越地位……他们在生活方式上也尽量向贵族看齐，成为贵族就是他们最大的社会抱负。"④除了贵族传统，资产阶级贵族化直接由利益驱使。"那些腐朽不堪的'官职税'制度（官员为保证子孙继承自己购买的官职而缴纳年度费用）已让法国资产阶级无意并无力去从事资本主义冒险经营，保险舒适的政府官职及其荣耀比起工商活动的风险，显然更受人们的青睐。"⑤法国资产阶级不会把资金投入到商业冒险中，"源远流长的包税人制度、路桥通行费、大主教职位的收入、自己占有的土地，对他无疑具有更大的吸引力"⑥。这种一劳永逸和投机的心态导致资产阶级丧失了商业贸易精神和长远的战略眼光。他们贵族化为寄生性阶级，圣西门称之为有碍经济社会发展的"游惰者"⑦。因此，进步的阶级被落后的观念和制度所腐化，正如安德森所言："新生的法国资产阶级并入封建国家的轨道之中。"⑧

① 郭华榕. 法国政治制度史［M］. 北京：人民出版社，2005：41.
② 佩尔努. 法国资产阶级史：近代［M］. 康新文，等，译. 上海：上海译文出版社，1991：131.
③ 佩尔努. 法国资产阶级史：近代［M］. 康新文，等，译. 上海：上海译文出版社，1991：154.
④ 黄艳红. 法国旧制度末期的税收、特权与政治［M］. 北京：社会科学文献出版社，2016：81.
⑤ 缪拉. 科尔贝：法国重商主义之父［M］. 梅俊杰，译. 上海：上海远东出版社，2012：136.
⑥ 缪拉. 科尔贝：法国重商主义之父［M］. 梅俊杰，译. 上海：上海远东出版社，2012：136.
⑦ 司武臣. 法国中古后期农业发展迟缓的原因［J］. 史学月刊，1983（2）：76-80.
⑧ 安德森. 绝对主义国家的系谱［M］. 刘北成，龚晓庄，译. 上海：上海人民出版社，2000：94. 18世纪，这个轨道逐渐被封闭，导致资产阶级与贵族之间的矛盾激化。参见佩尔努. 法国资产阶级史：近代［M］. 康新文，等，译. 上海：上海译文出版社，1991：257.

### 2.2.4 柯尔培尔的经济思想

上述几个方面足以说明，法国经济的问题不应归罪于柯尔培尔的重商主义，重农学派等自由主义经济学者对柯尔培尔的批判是难以站住脚的。他们没有对问题做出深入的分析，尤其未能理解柯尔培尔的经济思想。可以认为，柯尔培尔是法国自亨利四世以来多年重商主义探索的集大成者。正如佩尔努指出："最后为这一理论命名的是柯尔培尔。这样说是公正的，因为是他最完整地阐述和执行了这一理论。"①

（1）国家干涉主义

柯尔培尔的经济思想中，最突出的是国家干涉主义。如前所述，法国顽固的封建割据和地方性差异严重阻碍着国家经济发展，且法国人具有个人主义倾向和轻商观念，民族意识淡薄。与此同时，资产阶级自身的力量又相对薄弱，因此，法国只能更大程度发挥政府的干涉力量才能实现国家工业化。当然，商人利益与国家利益之间的背离，也是整个西欧推行国家干涉主义的根本思想基础②。因此，即使是英国，政府政策也发挥着关键作用。这一点柯尔培尔心知肚明，但法国国情决定其国家干涉主义更加重要。因此，柯尔培尔的重商主义首先强调的是国家干涉主义。若不是依靠强大的国家财政力量，法国的工业化就无从谈起。

除了上文提到的国家工场和大型贸易公司的建设等重商主义政策外，柯尔培尔也尝试通过制度的建设来加强国家对经济的控制和统一管理，1664年设立贸易委员会，1664—1669年间多数章程和条例都由这个委员会制定，构成国家干涉主义经济的基础③。1669年设立的地方特派员或地方督查组织，也成为国家干涉主义的执行机构④。柯尔培尔深信，这些规章制度发展了国家利益的概念。同样基于国家利益至上的观念，柯尔培尔继续推行已过时的行会制度，以加强国内工商业的统一管

---

① 佩尔努．法国资产阶级史：近代 [M]．康新文，等，译．上海：上海译文出版社，1991：115．
② 欧文．国富策：自由贸易还是保护主义？[M]．梅俊杰，译．上海：华东师范大学出版社，2013：40．
③ 佩尔努．法国资产阶级史：近代 [M]．康新文，等，译．上海：上海译文出版社，1991：122．
④ 佩尔努．法国资产阶级史：近代 [M]．康新文，等，译．上海：上海译文出版社，1991：133．

理。其初衷是通过统一管理，提高国内工商业的整体效率和竞争力，保证法国商品的质量。但在保证标准和质量的同时，行会制度也阻碍了经济的创新活力①。

（2）贵金属主义和保护主义

贵金属主义是重商主义最为明显的表现之一，马克思称之为货币主义，其也可以被称为重金主义。柯尔培尔同样持有这一观点，他说："只有黄金和白银才能给国家带来富足和各种必需物。"②这一思想受到自由贸易主义者的激烈批判，但批判者往往缺乏对历史的认识。其实，贵金属主义是欧洲经济发展的产物，当金属货币的供应不能满足商品经济发展的需要时，自然引发对贵金属的重视。动荡不安的欧洲局势，也使国家重视贵金属储备以应对战争所需。同时，在货币供应出现短缺的状况下，多数人认为欧洲金属货币总量也是有限的，这正好符合经院哲学的零和宇宙观，即"一方所得必为他人所失"③。柯尔培尔执政以后，欧洲经济不景气，而法国遭遇严重的财政赤字，急需增加贵金属货币，因此，柯尔培尔所表现出的贵金属主义符合当时法国的实际情况，但这绝非柯尔培尔重商主义思想的关键。

贵金属主义作为国家经济政策首先是在英国产生的。自14世纪开始，英国历届政府都采取一系列货币保护主义政策，力求增加本国的金属货币④。正是在这些货币保护主义的政策实践中，英国产生了重商主义思想。这些政策在增加英国国内贵金属货币的同时，也促进了国内经济的繁荣，尤其是制造业的发展。因此，重商主义除了围绕货币展开讨论，也开始重视制造业的发展。或者说"保持贸易顺差、在本国加工原料，此二者代表了重商主义文献中两个关键的纲领"⑤。保持贸易顺差可以增加一个国家的贵金属货币数量，是重商主义者的一贯主张。他们

---

① 佩尔努. 法国资产阶级史：近代 [M]. 康新文，等，译. 上海：上海译文出版社，1991：153-154.
② 佩尔努. 法国资产阶级史：近代 [M]. 康新文，等，译. 上海：上海译文出版社，1991：122.
③ 赖纳特，贾根良. 穷国的国富论：演化发展经济学论文选：下卷 [M]. 北京：高等教育出版社，2007：38.
④ 参见赵绩竹. 英国中世纪晚期保护主义货币政策及其影响 [J]. 北方论丛，2012（4）：98-102.
⑤ 欧文. 国富策：自由贸易还是保护主义？[M]. 梅俊杰，译. 上海：华东师范大学出版社，2013：35.

同时认识到，通过关税保护等限制进口的手段实现贸易顺差并非长久之计，转而强调限制进口商品的消费，坚决反对国外奢饰品的消费，同时鼓励国内自给自足并生产具有国际竞争力的产品。由此，在本国加工原料或发展制造业逐渐成为重商主义的关键。重商主义思想由此发生了一次重要的飞跃，可以认为由货币型重商主义转向了生产型重商主义。柯尔培尔重商主义思想包含着发展制造业这一关键内容。

（3）工业主义

柯尔培尔所处的时代属于生产型重商主义[①]，制造业在柯尔培尔的经济思想中占据核心位置。各种发展和保护制造业的政策措施可以表明这一点。对于殖民地的控制和管理，柯尔培尔更是立足于发展法国制造业。他严格规定，殖民地只能向法国出口原材料，且其全部所需制成品只能从法国购入[②]。也就是说，殖民地原本是培育法国工业的重要基础。但遗憾的是，在与英国的争霸中，路易十四及其后继者路易十五将大部分殖民地都输给了英国。

然而，柯尔培尔首先是一个实践者，还没有明确表达并充分阐释他的工业主义思想。在他去世之后，17世纪末，"一国贸易的产品结构已经开始主导贸易差额学说……这个贸易商品结构论，才更是重商主义贸易观的核心所在"[③]。这一核心观念在实践中就表现为"出口制成品，进口原材料"的国家致富原则，它在英国得到最为充分的贯彻。

以殖民地为例。一般认为，殖民地为资本主义国家的崛起提供了重要的原始积累。如果从柯尔培尔重商主义的角度看，英国对殖民地的控制严格遵循着"出口制成品，进口原材料"的致富原则。除了重商主义等非正统经济学外，历史学家也已经注意到这一点，例如钱乘旦指出："英国的重商主义已经进展到以制造业为后盾的地步，它旨在将母国与殖民地构筑成一个封闭的贸易区，母国控制殖民地经济，让其成为产品

---

① 法国早期重商主义学者孟克列钦在《献给国王和王后的政治经济学》一书中就力图使政府相信法国保护制造业的必要性。这位路易十三时期的重商主义者影响了黎塞留，直接或间接影响了柯尔培尔。

② 缪拉·科尔贝：法国重商主义之父 [M]. 梅俊杰，译. 上海：上海远东出版社，2012：190.

③ 欧文. 国富策：自由贸易还是保护主义？[M]. 梅俊杰，译. 上海：华东师范大学出版社，2013：49-50.

的推销市场，并提供母国所没有的商品。"①以英国对北美殖民地为例，"它甚至不许那些殖民地造一只马蹄钉，更不许把那里所造的输入英国"。②由此，就不难理解，英国在与荷兰争夺了海上贸易霸权以后，将矛头指向了法国，一方面打击法国海上力量，更重要的是夺取法国殖民地，其背后有着深刻的工业主义思想。显然，柯尔培尔对于殖民地的认识也是着眼于工业主义。但遗憾的是，路易十四及其后继者都未能从工业化战略高度认识殖民地的意义。

李斯特对柯尔培尔给予非常高的评价，主要是因为他看到了柯尔培尔重商主义体系中工业主义这一核心思想。李斯特成为这种思想的理论开拓者。他说："在我的理论中对于那个备受责难的重商主义体系只是采纳了其中有价值的部分。"③这个有价值的部分其实是李斯特所谓的"工业主义"。欧文提出"贸易商品结构论"实质上也是对工业主义的具体化描述。在其著名的国家主义经济学和生产力理论中，李斯特以不同经济活动的差异为出发点，论证了不同性质经济活动之间的协同作用，并着重强调了工业生产力或制造力。

李斯特这一研究具有开创性贡献。赖纳特等学者进一步发展了李斯特生产力理论，指出国富国穷的奥秘在于前者掌握了高质量的经济活动。结合以全球价值链为特点的新国际分工形势，中国新李斯特学派明确指出"出口高端产品，进口低端产品"的新致富原则。可见，柯尔培尔主义对今天的经济理论研究和实践依然具有启发价值。

## 2.3  本章小结

在波旁王朝之开国皇帝亨利四世的统治时期，法国出现了重商主义的萌芽，经黎塞留得到进一步的发展，至柯尔培尔时期形成完整的重商主义体系。柯尔培尔重商主义体系为法国经济的崛起展示了一副宏伟的战略蓝图，有一套完整的设计思路和发展规划，着力于制造业的扶持和

---

① 欧文. 国富策：自由贸易还是保护主义？[M]. 梅俊杰，译. 上海：华东师范大学出版社，2013：188.
② 李斯特. 政治经济学的国民体系 [M]. 陈万煦，译. 北京：商务印书馆，1961：43.
③ 李斯特. 政治经济学的国民体系 [M]. 陈万煦，译. 北京：商务印书馆，1961：8.

保护、国内市场的统一、海洋事业的发展三个方面。正是在这一重商主义体系的推动下，法国经济有过辉煌的十年，在制造业和海军的发展方面都实现了重要的突破。这一切为法国赶超英国创造了一次难得的历史机遇。

然而，柯尔培尔在推进其战略规划的过程中遇到了层层障碍。国王路易十四缺少经济战略思维，导致法国成为战争中的经济失败者，破坏了柯尔培尔的财税改革计划，进而导致工商业资本的严重匮乏。在宗教方面，路易十四及其军事大臣同样缺乏经济战略眼光，在排挤异教徒的同时，也赶走了大量的工商业者。在国内市场的建设方面，柯尔培尔无法破除地方性差异和封建割据。与此同时，法国存在根深蒂固的轻商观念和资本阶级贵族化倾向。正是因为遭遇这些难以逾越的障碍，柯尔培尔的重商主义政策未能真正贯彻和落实，大量项目在失望中搁浅。

因此，自由贸易论者对柯尔培尔的批评是严重欠妥的，尤其没有对法国国情做实事求是的考察和分析。针对重农学派魁奈对柯尔培尔的批判，李斯特尖锐地指出，魁奈表现出"对于工业、历史、财政问题的无知"①。恰恰与自由贸易论者的观点相反，柯尔培尔对法国经济不仅没有造成伤害，反而做出了不容抹杀的贡献。柯尔培尔的经济思想也很值得深入探讨，尤其不能被简化为保护主义和贵金属主义。柯尔培尔重商主义的关键在于国家干涉主义和工业主义，尤其是后者包含着重商主义最有价值的理论贡献。这二者可以视为李斯特国家主义经济学和生产力理论的先驱。

从经济思想史的角度看，重商主义体系是扎根于经济实践的，柯尔培尔的经济思想是从法国及欧洲其他国家的重商主义实践中总结出来的。这也是重商主义体系的一般特点。在该体系中，经济政策是主要组成部分，而经济思想和经济理论则是有待挖掘的内容，甚至容易被忽视。从经济政策与经济思想的关系看，二者是相互影响的，但基于现实国情的经济政策占有主导地位。在下一章的分析中，我们会发现，柯尔培尔重商主义时代结束以后，法国经济政策与经济思想之间的关系发生了转变。

---

① 李斯特.政治经济学的国民体系［M］.陈万煦，译.北京：商务印书馆，1961：67.当前，经济学界对柯尔培尔重商主义的负面评价依然占主流。影响最大的当属新制度经济学，以制度决定论的假设否定了柯尔培尔重商主义的贡献。

# 3 17世纪末至18世纪末法国的经济政策 与经济思想

柯尔培尔去世后，他的重商主义时代也宣告了结束。此后直至大革命爆发的一百年时间，对法国而言首先是一个战争的年代，也是一个与英国争夺欧洲霸权的时代。战争使法国遭遇无法克服的财政危机，直至大革命的爆发。因此，法国经济政策的一个主要方面就是财政政策。另一个重大事件是1786年英法商业协定的签订。这一协定的签订标志着法国对外贸易政策的自由化走向，深受重农学派的影响。本章首先简要回顾18世纪法国经历的战争等主要历史事件的概况，进而分别论述财政改革和1786年英法商业协定。

## 3.1 战争概况及影响

从17世纪末期开始，即柯尔培尔去世后，法国经历了四次大规模的战争，即奥格斯堡联盟战争（1689—1697年）、西班牙王位继承战争（1701—1714年）、奥地利王位继承战争（1740—1748年）和七年战争

（1756—1763年）。其中，前两次战争发生在路易十四统治时期的最后三十年间，后两次战争则发生在路易十五统治时期。

路易十四在发展经济方面缺乏战略眼光，持续不断的对外战争更严重地损耗了法国经济发展的潜力。路易十四的对外扩张引起了其他国家的不安。同时，南特敕令的废除又为新教国家联合对抗法国提供了客观条件。在这种背景下，以荷兰为首的新教国家，以及奥地利、德意志和西班牙等国于1686年成立了反法同盟，即奥格斯堡联盟。奥格斯堡联盟战争爆发后，路易十四将注意力集中在大陆，首先向德意志发动了进攻。这为荷兰干预英国资产阶级革命提供了机遇①。1688年光荣革命以后，荷兰执政者威廉三世成为英国的统治者，因而英国自然站在荷兰一边，成为反法同盟的成员②。作为两个海洋强国，英国和荷兰的联合沉重打击了法国的海上力量。与此同时，路易十四深陷大规模的陆上战争，无法维系海军支出，且海上战争也存在严重的指挥失误。这些因素致使法国海军在9年的奥格斯堡联盟战争（1689—1697年）中遭受重大损失。此外，战争也导致法国财政赤字问题凸显，国内经济陷入萧条。

1701—1714年，路易十四又卷入了西班牙王位继承战争。在这场战争中，法国看似达到了目的，争得了西班牙王位，但"实质上是一次得不偿失的胜利"③，因为按照《乌得勒支条约》，西班牙领土实际上被反法同盟瓜分了。最大的获益者依然是英国，不仅夺取了大西洋与地中海的交通咽喉直布罗陀，而且获得了法国在美洲重要的殖民地纽芬兰等区域。与此同时，英国还从法国手中夺取了奴隶贸易垄断权④。奴隶贸

---

① 路易十四违背了柯尔培尔的意愿，后者主张将战略重心放在海洋，主要竞争对手是英国。以法国当时的海上力量，完全可以阻止荷兰舰队向英国的远征。马汉. 海权对历史的影响：1660—1783［M］. 安常容，成忠勤，译. 北京：解放军出版社，1997：175；阿瑞吉，等. 现代世界体系的混沌与治理［M］. 王宇洁，译. 北京：生活·读书·新知三联书店，2003：52.

② 光荣革命之后，路易十四支持斯图亚特王朝复辟，似乎仅仅是出于维护封建制度的目的。英国加入反法同盟也是很自然的事情，毕竟英国国王同时也是荷兰的执政者，但问题其实并没有这么简单。不能忽视的是，即使在斯图亚特王朝时期，英国对法国的态度也是易变的。1672年荷兰战争爆发时，英法是同盟，英国的主要目的是打击当时海上力量最强大的荷兰。1676年，当法国击败荷兰舰队，表现出强大的霸权力量时，英国转而与荷兰结盟，共同对付法国。这说明，英国的战略思路很明确，时刻关注有可能成为自己竞争对手的国家，进而联合其他国家对其进行打击。18世纪，英国的矛头集中指向法国，因为法国已经成为最有力的竞争对手。

③ 罗琴斯卡娅. 法国史纲：十七世纪—十九世纪［M］. 刘立勋，译. 北京：生活·读书·新知三联书店，1962：43.

④ 里奇，威尔逊. 剑桥欧洲经济史：第四卷［M］. 张锦冬，钟和，晏波，译. 北京：经济科学出版社，2003：261.

易成为英国原始积累的重要来源之一，重要的商业中心利物浦就是依靠奴隶贸易发展起来的①。此外，在法国和荷兰忙于战争的时候，英国趁机加强了其在印度殖民地的统治权。总之，"对于英国而言，西班牙王位继承战争无论如何都是一次'商业上的胜利'"②。

更重要的是，与法国重视陆地战争不同，英国则坚定不移地实施了"深海"战略③，并表现出争夺世界海洋霸权的野心。对于英国而言，海上霸权"不仅是对战略性贸易路线的控制，还意味着运用海洋的流动性建立一个全球体系"④。英国这种战略意图在后面两次战争中表现得更加明显。

《乌得勒支条约》签订后，近三十年的和平时期为法国创造了难得的发展机遇，经济得到了快速发展，海上力量也得到恢复。但在随后的两次大规模战争中，法国又惨败给英国。在奥地利王位继承战争中，英法在殖民地的争夺中各有得失。按照《亚琛和约》的规定，法国获得了加拿大的路易斯堡，但失去了印度的马德拉斯。可以说，在殖民地争夺中，法国并没有表现出劣势。然而，不幸的是，法国的海军力量在这次战争中再次受到英国的毁灭性打击。显然，没有强大的海军做后盾，法国的殖民地是难以维系的。

随之而来的七年战争宣告了法国在殖民地争夺中的彻底失败。在这场决定性的战争中，法国将注意力集中于欧洲大陆战场，错误地忽视了海洋和殖民地⑤。英国则对其盟友普鲁士进行财政支持，使其专注于欧洲战场，自己则集中军力于海洋和殖民地。正如米盖尔所言："英国从容不迫地继续进行商战，它让东欧的豺狼互相厮杀，而它自己则有步骤地进攻法国的殖民地和商站。"⑥由此，英国一一摧毁了法国的海军，并

---

① 马克思. 资本论：第一卷 [M]. 中共中央马克思恩格斯列宁斯大林著作编译局，译. 北京：人民出版社，2004：870.
② ROBINSON E. War and economics in history and in theory [J]. Political Science Quarterly，1900，15（4）：581-628.
③ 阿瑞吉，等. 现代世界体系的混沌与治理 [M]. 王宇洁，译. 北京：生活·读书·新知三联书店，2003：53.
④ 米德. 上帝与黄金：英国、美国与现实世界的形成 [M]. 涂怡超，罗怡清，译. 北京：社会科学文献出版社，2016：128.
⑤ 一组数据可以说明这一点。"在七年战争期间，每年拨给法国海军的费用只有3 000万里弗尔，相当于每年拨给法国陆军费用的1/4，而且仅仅相当于拨给（英国）皇家海军费用的1/5." 参见肯尼迪. 大国的兴衰 [M]. 蒋葆英，等，译. 北京：中国经济出版社，1989：148.
⑥ 米盖尔. 法国史 [M]. 蔡鸿滨，译. 北京：商务印书馆，1985：249-250. 不难发现，此时英国已经形成了以经济利益为中心的外交原则。这一原则至今为英美国家所信守。曾于19世纪两度出任英国首相的迪斯雷利有句名言："大英帝国无永恒敌人，亦无永恒朋友，却有永恒利益." 转引自唐德刚. 从晚清到民国 [M]. 北京：中国文史出版社，2015：13.

夺取了其在印度、北美以及非洲等地区的绝大部分殖民地。按照《巴黎和约》的规定，法国在加拿大的殖民地全部割让给英国，在美国的殖民地割让给英国和西班牙（英国为获得西属佛罗里达，将部分法属殖民地让与西班牙），在印度的大部分殖民地也割让给英国，只保留了五个城市，且不能设防。

上述四次战争对法国经济产生的影响主要表现在三个方面：其一，财政危机。其二，海权或海军力量的虚弱和毁灭。其三，殖民地的丧失。其中，海权和殖民地之间是紧密相关的。海权是争夺殖民地和维系殖民统治的决定因素，而殖民地对于改善宗主国的经济而言，实际上处在核心地位。殖民地首先帮助英国解决了因战争带来的财政危机，同时成为制造业得以发展的廉价劳动力和原材料供应地，以及商品销售市场。若没有对殖民地的掠夺，英国可能很难走出财政危机。据估计，1757—1815 年间，英国从印度直接掠夺的财富高达 10 亿英镑，这些财富不仅使英国摆脱了财政危机，而且为推动英国工业革命提供了资金[①]。丧失了殖民地的法国，则只能依靠内部的财政改革。

## 3.2　法国的财政改革

法国财政危机首先是由路易十四遗留下来的。从柯尔培尔逝世到 1714 年，政府公债增加了 9 倍，高达 20 亿里弗尔，而该年政府收入仅为 1.1 亿里弗尔。1715 年 5 岁的路易十五继位后，由奥尔良公爵摄政。起初，政府在极为紧张的财政压力下，曾试图将矛头指向金融家和包税人，但收效甚微。这一旧制度弊病在 18 世纪更加猖獗。与此同时，占人口绝大部分的法国农民穷困潦倒，而王室的生活更加奢靡，宫廷中出现了啤酒品味员、王杖保管员等清闲肥职，这些职位要耗费 1/3 以上的非战时预算[②]。

1716 年，奥尔良公爵启用约翰·劳开展货币制度改革。劳认为通

---

① 闵光沛. 殖民地印度综论 [M]. 成都：四川民族出版社，1996：17. 根据肯尼迪提供的数据，七年战争中英国耗费 1.6 亿英镑，其中借债 6 000 万英镑。参见肯尼迪. 大国的兴衰 [M]. 蒋葆英，等，译. 北京：中国经济出版社，1989：142.

② 罗琴斯卡娅. 法国史纲：十七世纪—十九世纪 [M]. 刘立勋，译. 北京：生活·读书·新知三联书店，1962：49.

过发行纸币代替金融货币可以解决财政危机并促进法国经济发展。法国政府特许劳设立一家私人银行，即通用银行。该银行同时被授予货币发行权。1718年通用银行被收归国有，改名皇家银行，发行国家法定纸币。与此同时，劳重建西印度公司并与其他公司合并为规模庞大的印度公司。劳的设想是通过皇家银行发行纸币来解决政府债务问题，并通过发行印度公司的股票来回购市场流通的货币，以防止通货膨胀①。最初几年，劳的改革的确缓解了政府财政困境，使政府摆脱了对旧财政体制的依赖，并一度取缔了总包税所。但这项制度改革引发了法国社会的投机狂潮，股票价格由500里弗尔飞涨到18 000里弗尔。最后，劳的改革不得不以一场泡沫收场。

这场改革对法国经济产生了一些积极影响，但主要还是消极的。劳的财政改革正值和平时期，是法国壮大工业经济的机遇期，但投机狂潮导致资本远离实体经济。在米盖尔看来，劳的改革缺乏统一而有效的财政和贸易政策，只是绝妙而危险的应急办法，"这样就使法国的实业发展落后于西欧好几十年"②。但这项改革的问题也并不能全部归罪于劳，熊彼特认为问题在于印度公司在殖民地经营的失败，他指出："假如殖民地冒险事业取得了成功，劳试图从金融方面控制和改造一个大国的经济生活的宏伟计划，在其同时代和历史学家的眼里，就会是另一个样子。"③这进一步说明了殖民地的重要性。

劳的货币改革失败以后，法国恢复了总包税所，税收制度又回到老路上。由于贵族的免税特权，法国所有的财政压力都被转嫁给穷苦的人民群众。随着税收负担的加重，人民大众的承受力已经达到极限，在忍无可忍的情况下不断揭竿而起。显然，旧税收制度已经难以为继，尤其无法应付大规模的战争。因此，法国别无选择，不得不针对贵族的免税特权进行改革，然而这项改革举步维艰，遭遇无法逾越的阻力，只得与旧制度同归于尽。代表贵族抗税的主要力量来自高等法院。

高等法院的权力主要掌握在长袍贵族手中。长袍贵族是法国资产阶

① 陈雨露. 约翰·劳的金融传奇 [J]. 金融博览, 2009 (10): 28-29.
② 米盖尔. 法国史 [M]. 蔡鸿滨, 译. 北京: 商务印书馆, 1985: 232.
③ 熊彼特. 经济分析史: 第一卷 [M]. 朱泱, 等, 译. 北京: 商务印书馆, 1996: 453.

级贵族化的产物。无论从自身的声誉考虑，还是基于对经济利益的追求，法国资产阶级对贵族身份都如饥似渴，甚至将其视为一生的奋斗目标。亨利四世时期设立的官职税为资产阶级实现这一目标敞开了大门。由此引发了法国资产阶级贵族化的历史潮流，形成了一个新的贵族阶级，即长袍贵族。这个新的贵族阶级在黎塞留执政时期逐渐强大起来，并成为王权打击旧贵族的联合力量。佩剑贵族随之走向没落，让位于长袍贵族，"在这个集权国家里，所有重要的机构都为长袍贵族所把持"[①]。这个新的贵族阶级在君主专制制度下获得了独立生存的能力，但这种能力主要是寄生性的，即维护贵族特权。这种能力导致其丧失发展工商业的动力。

高等法院的权力主要通过诤谏权来实现，即"王国的各项法令如不经过最高法院注册，不能付诸施行"[②]。诤谏权在太阳王路易十四时期被大大削弱，1673年的一项敕令使其名存实亡[③]。路易十五时期，摄政王奥尔良公爵恢复了高等法院的这项权力[④]，使后者具备了反抗王国税制改革的能力。在法国持续不断的财政危机中，长袍贵族为了维护其税收特权，通过行使高等法院的权力阻止了王权一系列的税收改革。王权与高等法院的这一矛盾也是理解法国大革命的关键因素之一。

奥地利王位继承战争以后，财政压力迫使法国开展税制改革，时任财政大臣马肖主张增设1/20税（廿一税）。据此，路易十五于1749年颁布了这一税收法令，并规定任何贵族和特权阶级都不得例外[⑤]。高等法院对这次税制改革尽管有抵制情绪，但相对软弱。七年战争（1756—1763年）爆发以后，法国财政压力加剧，不得不开征新税。此时，高等法院开始变得强硬，不断以为民请命的名义行使其诤谏权，全力抵制

---

① 佩尔努. 法国资产阶级史：近代［M］. 康新文，等，译. 上海：上海译文出版社，1991：88.
② 佩尔努. 法国资产阶级史：近代［M］. 康新文，等，译. 上海：上海译文出版社，1991：91.
③ 黄艳红. 法国旧制度末期的税收、特权与政治［M］. 北京：社会科学文献出版社，2016：163.
④ 路易十四的遗嘱限制了奥尔良的权力，只有通过高等法院才能将这项遗嘱废除。作为废除遗嘱的交换，奥尔良恢复了高等法院的诤谏权。参见多伊尔. 法国大革命的起源［M］. 张驰，译. 上海：上海人民出版社，2009：81.
⑤ 黄艳红. 法国旧制度末期的税收、特权与政治［M］. 北京：社会科学文献出版社，2016：128.

王权的税收改革。王权与高等法院之间的矛盾随之激化。路易十五对高等法院采取了"钦断"的非常做法，甚至诉诸武力等手段强制高等法院登记税收法令①。高等法院则开展了维权斗争，将王权的税收定性为专断和不合法，指控王权的专制主义。在激烈的争斗中，路易十五借助司法大臣莫普的强有力改革，对高等法院进行了改组，使之完全效忠于国王。由此，税收改革的最大障碍被暂时清除。

路易十五去世后，莫普被罢免，高等法院得以恢复，并再次成为王权的对抗力量。1774年8月路易十六任命杜尔阁为财政大臣。杜尔阁是一位非常积极的改革者，提出了很多重要的改革举措。其中，税制改革的对象是道路劳役税②，一种以劳役（有时包括建筑材料）为特征的实物捐税。此税种在法国极不平衡，劳役负担实际上全部被道路工地周围的农村居民所承担。为此，杜尔阁提出了公平的改革方案，以货币形式的税收取代劳役税，且特权阶层也成为征税对象。1776年2月这一方案被送交高等法院登记时受到了后者的强烈抵制。在国王的压力下，高等法院不情愿地通过了这一方案。但仅3个月后，杜尔阁就不再担任财政大臣，他的改革方案随之流产。

杜尔阁的继任者是内克。内克吸收了杜尔阁失败的教训，尽量避免与高等法院发生冲突。但此时法国已经卷入了大规模的北美独立战争中，财政问题更加急迫，在避免开征新税的情况下，内克通过大举借债以维持战时财政③。但由于法国缺少完善的信贷制度，因而政府举债利率相对较高。内克的这一举措主要是模仿英国，英国的战争费用几乎全部来自政府借贷。在内克看来，英国信贷的成功得益于其政策的公开性，因而主张公开国家财政状况以增强政府信誉。然而，这一举措引发了宫廷贵族的恐慌和抵制。与此同时，内克试图以温和的手段推进税制改革，尤其在核税方面取得很大进展④，但这引起了特权阶层的强烈抵

---

① 黄艳红. 法国旧制度末期的税收、特权与政治［M］. 北京：社会科学文献出版社，2016：128.
② 文中关于道路劳役税的改革，参考了黄艳红. 法国旧制度末期的税收、特权与政治［M］. 北京：社会科学文献出版社，2016：57-58，205-215. 另见罗琴斯卡娅. 法国史纲：十七世纪—十九世纪［M］. 刘立勋，译. 北京：生活·读书·新知三联书店，1962：79-81.
③ 相关内容参见黄艳红. 法国旧制度末期的税收、特权与政治［M］. 北京：社会科学文献出版社，2016：258-267.
④ 关于内克在核税方面的贡献，参见黄艳红. 法国旧制度末期的税收、特权与政治［M］. 北京：社会科学文献出版社，2016：152-154.

制。1781 年，内克被迫离职。

内克离职后，路易十六在两年内连续替换了两位财政大臣，直到 1783 年卡隆担任此职。卡隆起初通过隐瞒实情，美化国家财政状况来维持国家信用，甚至以怂恿宫廷铺张浪费的方式来显示政府有充足的偿付能力。但卡隆深知，这绝非长久之计，因而不得不再次将税制改革提上日程。1786 年卡隆向国王提交报告，请求开展统一而平等的税收改革，不得不触及特权阶层的利益。为了绕过高等法院的干涉，卡隆建议国王通过召开显贵会议来通过税改法令[①]。1787 年 2 月，法国召集了 160 年来首届显贵会议。显贵们尽管支持税收平等，并声称废除特权的必要性，但在谈及具体措施时，他们仍为卡隆设置了障碍，并指责卡隆的各种政策失误。显贵们还强调，只有三级会议对税改有表决权。显贵会议无果而终，卡隆带着一腔怨恨在会议期间被解职。

卡隆离职后，富尔盖继任财政大臣，但重任实际上落在总揽政务的大臣布里安肩上。显贵会议解散后，布里安不得不与高等法院交涉。高等法院很快就否决了税改法令，并要求召开三级会议。路易十六试图再次以"钦断"强迫高等法院登记税收法令，但这一手段不再有效。布里安不得不向高等法院妥协，宣布放弃税改计划，并决定于 1792 年召集三级会议。次年，1788 年，迫于财政压力，王权因举债问题再次与高等法院发生冲突。此时，路易十六试图诉诸莫普式改革，强制对高等法院进行改组，组建新的"全权法院"。但今非昔比，王权的专制独断已经受到全国范围的声讨，连教会也与高等法院站到了一起[②]。路易十六陷入了孤立无援的境地，布里安不得不宣布放弃"全权法院"，并将三级会议提前至 1789 年 5 月。

布里安无法收拾残局，于 1788 年 8 月辞职，并将希望寄托给内克。但内克也无力回天，只能寄希望于三级会议。王权衰落后，贵族与第三等级的对立关系凸显。教会与贵族阶级试图以放弃税收特权为条件维持其社会和政治地位，但第三等级所要求的，已不仅仅是税收平等，而是

---

① 黄艳红. 法国旧制度末期的税收、特权与政治［M］. 北京：社会科学文献出版社，2016：274.
② 黄艳红. 法国旧制度末期的税收、特权与政治［M］. 北京：社会科学文献出版社，2016：283.

彻底打破法国社会的等级制度。为此，第三等级要求在三级会议上享有与贵族和教会同等的裁决权。贵族和教会则试图维持旧的等级秩序，设法排挤第三等级在三级会议上的发言权，从而引发大规模的抗议浪潮。为了平息争端，维护国内稳定，内克尽力在争论双方之间寻求平衡。一方面增加第三等级的参会代表人数至其他两个等级之和，另一方面在表决方式上偏向第一等级和第二等级，即按等级投票，而不按人头投票。这个折中手段并没有令第三等级满意。1789年5月召开三级会议时，第三等级再次提出要按人头投票。在这一要求不能被满足的情况下，第三等级自立门户成立国民议会。

面对第三等级不断壮大的力量，路易十六做出了妥协，并宣布成立制宪会议，但王后和宫廷贵族试图以武力镇压，结果引发了大革命。

## 3.3 难得的繁荣与殖民地经济政策

路易十五即位前期，法国尽管遭遇了泡沫危机，但相对和平的环境依然为法国经济的恢复和发展创造了机遇，尤其是弗勒里担任首相的那段时期（1726—1743年）。因此，18世纪，法国经济也出现了难得的复苏，尤其是殖民地经济方面表现出繁荣发展的势头。

### 3.3.1 经济的恢复和制造业的进步

1726年，路易十五任命他的老师弗勒里为首相。那时弗勒里已经70岁，他一直担任首相至1743年去世。弗勒里比较重要的贡献是恢复了货币的信用，稳定了币值。在外交方面，他尽最大努力维持和平，从而为法国经济发展提供稳定的环境。他执政期间，法国财政一度好转，工商业也得到较快发展，尤其是1730年至1740年法国迎来最好的发展时期[1]。

就制造业的整体状况而言，路易十五时期在经济制度建设方面延续了柯尔培尔主义。一方面，通过增设检察官，加强对工场的监督和管

---

① 米盖尔. 法国史［M］. 蔡鸿滨，译. 北京：商务印书馆，1985：239.

理；另一方面，改进和完善贸易委员会和商业局，使之成为"一个真正的主管技术和工场的部"①。这有助于法国大工业的培育和机器的广泛使用。该时期也延续了柯尔培尔时代的行会制度，但该制度的相关规章条例越来越成为法国工业的桎梏。尤其是僵化的规章条例导致"每一种技术革新都困难重重"②。因此，反对行会制度的声音不断加强。尽管出现了一些取缔行会制度的尝试，但直到大革命爆发以后，这种封建制度才真正被取缔。

从 18 世纪中期以后，一些封建特权和禁令开始被取消，规章制度更具有灵活性，为法国大工业的发展创造了相对有利的条件③。大革命前夕，法国出现了大量的大工业企业。尽管如此，拥有最新设备和千人以上人数的大企业依然很稀少，集中的手工工场的人数一般为 10~50 人，超过百人以上的工场较少。总之，直到大革命前夜，"法国的工业整个来说仍然是手工工场占优势"④。从产品特点看，法国工业的大部分产品属于奢侈品，畅销欧洲市场。值得注意的是，法国资产阶级的投机心理对法国工业发展不利，只要有机会盈利，他们并不在意工业的振兴。"有胆识、有创新精神的工业巨头式人物在 18 世纪显然存在，但他们绝不是在法国资产阶级中占统治地位的人物。"⑤

除了投机，法国资产阶级对贵族身份的渴求更是阻碍着法国工业化进程。大革命前夕的法国社会仍然受贵族价值观的支配，这是一种根深蒂固的传统观念。受这种价值观的影响，作为第三等级精英的资产阶级也认为贵族身份是最值得追求的，经商是对贵族精神的背叛，因而当他们变得富裕时，首要目标往往不是将资本投资于扩大再生产，而是用来换取贵族身份。因此，"18 世纪的法国难以出现世代经商的世家……经商只是为了自己的后代不再经商"⑥。这种观念推动了法国卖官鬻爵制

① 佩尔努. 法国资产阶级史：近代 [M]. 康新文，等，译. 上海：上海译文出版社，1991：188.
② 罗琴斯卡娅. 法国史纲：十七世纪—十九世纪 [M]. 刘立勋，译. 北京：生活·读书·新知三联书店，1962：53.
③ 佩尔努. 法国资产阶级史：近代 [M]. 康新文，等，译. 上海：上海译文出版社，1991：189.
④ 罗琴斯卡娅. 法国史纲：十七世纪—十九世纪 [M]. 刘立勋，译. 北京：生活·读书·新知三联书店，1962：52.
⑤ 佩尔努. 法国资产阶级史：近代 [M]. 康新文，等，译. 上海：上海译文出版社，1991：191.
⑥ 黄艳红. 法国旧制度末期的税收、特权与政治 [M]. 北京：社会科学文献出版社，2016：83.

度的发展。依然倾向于购买官职等稳妥的投资方式，这显然是法国工业化落后的原因之一。

### 3.3.2　成功的殖民地经营

在法国开拓的诸多殖民地当中，最为成功的案例当属加勒比地区的安的列斯群岛，也被称为西印度群岛。法国在加勒比海的殖民活动主要是从黎塞留时期开始的，占领了马提尼克、瓜德罗普等几个重要的岛屿。柯尔培尔加强了对这些岛屿的控制和管理，并开展了进一步的殖民扩张，占领了更多的岛屿，其中，圣多明各岛后来成为法国殖民地经济的明珠。法国原本有可能在立足加勒比海地区的基础上，在密西西比河口建立殖民据点，进而将法属加勒比、法属加拿大、伊利诺伊连成一个法国殖民地帝国，但未能如愿。

柯尔培尔严格限定了法属加勒比地区的经济发展方式。他将贸易垄断权授予了西印度公司，并规定殖民地只能向法国出售原材料及法国不能出产的货物，如蔗糖、烟草、棉花、可可、咖啡等，同时殖民地所需的全部制成品均只能从法国购入①。南特、鲁昂等地的制糖工业和纺织工业正是依靠这种"进口原材料，出口制成品"的柯尔培尔重商主义经济原则获得了快速发展。

最值得注意的是制糖业。该行业最早是由荷兰殖民者传播过来的。大约在17世纪40年代，荷兰人在加勒比地区传授了甘蔗种植的耕作方法和制糖的工艺流程，并带来相关的机械设备②。从此，制糖工业在该地区发展了起来。彭慕兰甚至指出："大西洋岛屿和后来加勒比海岛屿上的糖厂，堪称是历史上最早的工厂。"③然而在柯尔培尔统治下的殖民地，被迫关闭糖厂，不能自行生产蔗糖，只能出口原糖，且只能出口给法国。与此同时，殖民地只得购买法国工厂炼制的成糖。这种强制性政策对殖民地是极不公平的，但却为法国制糖业的发展奠定了坚

---

① 缪拉．科尔贝：法国重商主义之父［M］．梅俊杰，译．上海：上海远东出版社，2012：190．
② 里奇，威尔逊．剑桥欧洲经济史：第四卷［M］．张锦冬，钟和，晏波，译．北京：经济科学出版社，2003：309-310．
③ 彭慕兰，托皮克．贸易打造的世界［M］．黄中宪，译．西安：陕西师范大学出版社，2008：266．但需指出的是，与棉纺织业比较，制糖工业没有发展机器大工业的优势。

实基础[①]。

西印度群岛殖民地和制糖工业是柯尔培尔为法国留下的最宝贵遗产之一，也是18世纪法国经济发展最重要的引擎。在18世纪相对和平的年代，尤其是弗勒里首相执政时期（1726—1743年），法国加快了对殖民地的开发，法国经济随之迎来一段黄金时期。据统计，法国与西印度群岛的贸易额占到法国外贸总额的1/6，几乎为全世界供应糖和咖啡[②]。加勒比地区甘蔗种植园的开发，使法国制糖工业在柯尔培尔时代的基础上得到了飞跃性发展。法国糖"很快便在欧洲市场上驱逐了英国糖"[③]。这种优势一直持续到七年战争爆发以前。

在七年战争中，法国在加勒比地区的大部分岛屿被英国占领，但在停战谈判过程中，法国以放弃路易斯安那为代价从英国手里收回了加勒比海地区的几个重要岛屿。因此，七年战争结束后，西印度群岛成了法国唯一重要的殖民地。在支持北美独立战争中，法国又收回了西非的塞内加尔殖民地。这使法国得以恢复与西非和西印度群岛间的三角贸易。但好景不长，拿破仑帝国时期，法国在西印度群岛的经济明珠圣多明各实现了民族解放和独立，建立海地共和国。同时，包括塞内加尔在内的大部分殖民地在大陆封锁时期再次被英国占领[④]。法国的殖民地经济宣告失败，直至第二帝国时期才开始复兴新的殖民运动。

## 3.4 经济思想的转变与1786年英法商业协定

大革命前夕，英法在1786年正式签署了新的商业协定，也被称为《伊甸条约》。在法国一方，该条约的签订受到了重农学派的推动。作为重商主义的反对者和批判者，重农学派的产生标志着法国经济思想的转变。因此，通过剖析1786年英法商业协定的谈判和签订过程，可透视

---

① 此外，柯尔培尔还通过高关税政策保护国内制糖工业的发展，当时的主要竞争对手是荷兰。参见缪拉·科尔贝：法国重商主义之父 [M]．梅俊杰，译．上海：上海远东出版社，2012：150．
② 佩尔努．法国资产阶级史：近代 [M]．康新文，等，译．上海：上海译文出版社，1991：197．
③ 米德．上帝与黄金：英国、美国与现实世界的形成 [M]．涂怡超，罗怡清，译．北京：社会科学文献出版社，2016：131．
④ 肯尼迪．大国的兴衰 [M]．蒋葆英，等，译．北京：中国经济出版社，1989：159．

法国经济思想对经济政策制定产生的影响。

### 3.4.1　经济思想的转变与重农学派

柯尔培尔重商主义尤其强调发展制造业，对农业则显得不够重视。在柯尔培尔制定的长达850页的国家政策文件中，只有40页是论及农业的[①]。这一政策导向尽管不足以说明重商主义破坏了农业发展[②]，但往往最容易受到诟病。重农学派的先驱者正是以此为背景将矛头指向了重商主义。正如斯皮格尔所言："政府对制造业的支持，对农业的相对忽视，以及不能解决财政问题的情形，为布阿吉尔贝尔这位具有相当功业的理论家提供了写作背景。"[③]与重商主义截然相反，布阿吉尔贝尔强调农业的重要性并反对国家干预。他认为，个体行动尽管是出于私利，无意中却为公众提供着服务[④]，这种个人私利与公共利益的和谐一致是通过自由竞争实现的。显然，他已经提出了亚当·斯密所强调的观点，但没有创立正式的理论体系。

斯皮格尔认为："约翰·劳和理查德·坎蒂隆的著作，使法国经济思想进一步远离重商主义。"[⑤]如前所述，约翰·劳是一位金融改革的实践者。同时，他也是一位重要的理论家，被熊彼特誉为"管理通货思想的鼻祖"[⑥]。从对货币的重视看，劳似乎也可以被视为重商主义者[⑦]，但与后者不同，他强调货币的流通功能，主张用不具有商品价值的纸币来代替金属货币。坎蒂隆曾被誉为一流经济理论家，他曾因与劳发生争执于1719年离开巴黎迁往伦敦，后来完成了《商业性质概论》一书[⑧]，该

---

① 佩尔努. 法国资产阶级史：近代［M］. 康新文，等，译. 上海：上海译文出版社，1991：152.
② 不难发现，一些重商主义政策也惠及了农业，例如国内统一市场的建设促进了农产品的流通。在财政方面，柯尔培尔主张公平的税收政策，显然有利于减轻农民负担。在李斯特看来，法国重商主义政策实际上有助于农业发展。总之，法国农业的萧条不能归咎于重商主义，而是国内外复杂因素共同导致的结果。
③ 斯皮格尔. 经济思想的成长［M］. 晏智杰，等，译. 北京：中国社会科学出版社，1999：148.
④ 欧文. 国富策：自由贸易还是保护主义？［M］. 梅俊杰，译. 上海：华东师范大学出版社，2013：87.
⑤ 斯皮格尔. 经济思想的成长［M］. 晏智杰，等，译. 北京：中国社会科学出版社，1999：148.
⑥ 熊彼特. 经济分析史：第一卷［M］. 朱泱，等，译. 北京：商务印书馆，1996：493.
⑦ 罗尔. 经济思想史［M］. 陆元诚，译. 北京：商务印书馆，1981：114.
⑧ 门罗. 早期经济思想——亚当·斯密以前的经济文献选集［M］. 蔡受百，等，译. 北京：商务印书馆，1985：212.

书被认为是古典经济学之前最系统的理论大作。1755 年该书正式出版后，对重农学派产生了深远影响。正如斯皮格尔所言："重农学派……将坎蒂隆的循环流和土地所有者阶级的特殊位置等重要思想消化并吸收进他们自己的体系。"[①]

重农学派吸收了上述思想贡献并建立了较为完整的理论框架。与此同时，该学派还充分吸收了法国启蒙运动的自然秩序和自然法思想。社会经济的发展应遵循自然秩序，即"自由放任、自由通行"（laissez faire，laissez passer）的自由放任主义，而非国家干预形成的人为秩序。从道德层面上讲，自由贸易是自然法赋予人类的一项不可剥夺的权利[②]。从理论分析层面上讲，自然秩序使牛顿力学的机械论和机械唯物主义哲学引入经济分析中。因此，自然法为重农学派的自由放任主义提供了在道德和理论方面的支持，从而有力抨击了重商主义的国家干涉主义。对于国家财富的认识，重农学派显然反对贵金属主义[③]，认为货币不是真正的财富。贸易顺差所带来的货币增加并不意味着国家财富的增加。真正的财富最终全部来源于农业生产。对财富的这一认识使重农学派进一步走向了重商主义对立面。

重农学派认为只有土地才能产生新的财富，即"纯产品"，因而只有农业活动是财富的唯一源泉。基于此，重农学派将经济主体划分为土地所有者、土地耕种者和工商业者三个阶级，其中，只有土地耕种者是生产性的，土地所有者有权以地租的形式占有纯产品，而工商业者是不具有生产性的。因此，在重农主义者看来，国家致富的关键在于发展农业生产。这一认识导致重农学派在贸易政策方面颠倒了重商主义的主张。重商主义主张"进口原材料（农产品），出口制成品"的致富原则。但"在重农主义者看来，出口原材料和农产品、进口制成品，比起相反

---

① 斯皮格尔. 经济思想的成长 [M]. 晏智杰，等，译. 北京：中国社会科学出版社，1999：158.
② BLOOMFIELD I A. The foreign-trade doctrines of the physiocrats [J]. The American Economic Review，1938，28（4）：716-735.
③ 柯尔培尔指出："只有黄金和白银才能给国家带来富足和各种必需物。哪个国家的国民所开办的工业吸引的黄金和白银的数量越多，这个国家也就越富有。"（援引佩尔努. 法国资产阶级史：近代 [M]. 康新文，等，译. 上海：上海译文出版社，1991：115.）在柯尔培尔所处的历史背景下，贵金属主义是必要和合理的，尤其在法国因战争等面临严重的财政危机的状况下，贵金属极为重要。

的情形要可取得多"①。这一重要的争论后来淹没在斯密和李嘉图关于分工和比较优势的思潮中。在分工与比较优势的讨论中，由于假定经济活动是无差别的，因而贸易商品结构论不再受关注。

### 3.4.2  魁奈和杜尔阁对法国经济政策的直接影响有限

魁奈身为宫廷御医，并享有贵族身份，因而其经济思想容易在王室传播。当时的商业大臣古尔内就支持魁奈的重农主义，并第一个将"自由放任、自由通行"付诸实践。但古尔内作为一位商业实践者又非常务实，并不赞同重农学派关于纯产品的基本理论学说，认为工业也是财富的来源。古尔内也反对极端的自由贸易主义，认为一些情况下关税措施对于发展工业也是必要的②。贝尔坦担任财政大臣期间（1759—1763年）曾按照重农学派的思路开展税收改革，即以清查为依据设立一种土地税③。

除了魁奈，重农学派最重要代表当属担任过法国财政大臣的杜尔阁，尽管他的理论体系并非与重农学派完全一致。1774年9月，杜尔阁上任伊始，就宣布国内粮食贸易自由，但不幸遇上农业歉收，粮价暴涨，引发了"面粉战争"。1776年，他又颁布法令，以自然法则为名取缔了所有行会，但这道法令并未得到实行④。这些举措是符合重农主义的。但他的主要职责并非这些自由主义倾向的改革，而是财政和税收问题。如前所述，他因为税制改革触动了贵族特权阶层的利益而受到高等法院的排挤。1776年5月杜尔阁的离职也宣告了其重农主义政策的结束。可见，此时重农学派的经济思想对法国经济政策的影响是短暂而有限的。

杜尔阁之后的财政大臣内克其实是一个重商主义者。他曾出版过《论立法和谷物贸易》一书，矛头直指重农学派。在内克看来，重农学

---

①  欧文. 国富策：自由贸易还是保护主义？[M]. 梅俊杰，译. 上海：华东师范大学出版社，2013：89.
②  沃尔金. 十八世纪法国社会思想的发展 [M]. 杨穆，金颖，译. 北京：商务印书馆，1983：84.
③  黄艳红. 法国旧制度末期的税收、特权与政治 [M]. 北京：社会科学文献出版社，2016：148.
④  佩尔努. 法国资产阶级史：近代 [M]. 康新文，等，译. 上海：上海译文出版社，1991：186.

派基于自然秩序推演出的自由贸易主义纯属幻想，个人利益不可能在自由秩序中符合共同利益，因此，"国家为了居民群众的利益有权而且也有义务干预经济关系……公共福利高于所有权和自由……"①。在对工业和农业之关系的问题上，内克赞同柯尔培尔的观点，支持柯尔培尔的关税保护等重商主义政策。内克在 1776—1781 年间掌管国家财政，其重商主义思想应该体现在他主导的国家政策中。然而，就当时内克所处的时代背景看，他的主要精力在财政改革，并因为财政问题被迫辞职。所以，在经济发展政策方面，受当时国情制约，内克付出的精力可能很有限。

内克辞职以后，路易十六在两年时间内连续替换了两位财政大臣，直至卡隆 1783 年就任。如前所述，卡隆的主要精力也是放在财税改革上。在经济政策上卡隆倾向支持杜尔阁，恢复了粮食自由流通方案②。尤其值得注意的是，卡隆在位期间，法国与英国于 1786 年签订了商业协定，这一协定主张法国市场对英国开放，对法国制造业造成重创。这一协定是如何产生的？重农学派对此影响几何？

### 3.4.3　法国经济政策的自由贸易主义倾向：1786年英法商业协定

卡隆 1783 年就任财政大臣的时候，北美独立战争刚刚结束，在《凡尔赛和约》中，英法双方同意将开展新的贸易谈判，因而卡隆也成为这场谈判的关键人物之一。另一关键人物是外交大臣韦尔热纳，他是这次谈判的发起人和实际掌控者。按照他的设想，这次贸易谈判先要确定一个基本的导向和原则，即遵循"禁止性体系"（prohibitive system）还是流行经济学家们主张的"自由体系"（system of liberty）③。在韦尔热纳看来，若按照前者的标准，只需恢复 1664 年的低关税（the tariff of

---

① 沃尔金. 十八世纪法国社会思想的发展 [M]. 杨穆，金颖，译. 北京：商务印书馆，1983：104.
② 米盖尔. 法国史 [M]. 蔡鸿滨，译. 北京：商务印书馆，1985：263.
③ DONAGHAY M. Calonne and the Anglo-French Commercial Treaty of 1786 [J]. The Journal of Modern History，1978，50（3）：1157-1184.

1664）①，若按照后者的标准，则需要开展详细的调研。卡隆是一个务实的人，不太赞同韦尔热纳的观点，认为在"禁止性体系"下，应该征收更高的关税，1664年的低关税（对多数商品征收5%的从价关税）将不利于法国工业。卡隆还特别强调英国应该取缔《航海条例》并结束对法国的所有航海限制。但韦尔热纳担心英国国会的否决会中断这次商业谈判，倾向于对英国做出更多让步。

可见，卡隆非常关心互惠贸易对法国制造业的影响，因为在这方面法国整体上已经落后于英国。然而，卡隆的保护主义立场并不坚决，因为他在调查中发现，法国无法有效制止走私行为。以羊毛制品为例，尽管法国征收30%的关税，但英国羊毛制品依然源源不断通过走私流入法国市场（走私数量是正常进口的100倍），导致法国损失了大量的税收。这也成为推动法国开展贸易谈判的重要因素，因为通过降低关税（12%~15%），使进口成本低于走私成本，进而减少走私并增加政府税收。更重要的是，尽管卡隆倾向于更多的保护主义，但话语权主要掌握在韦尔热纳手中，后者促使路易十六逐渐采取了"自由体系"②。由此，贸易自由化成为法国开展贸易谈判的主要指导方向。

在此种情况下，卡隆也只能在"自由体系"的框架下为法国争取尽可能多的利益。在具体谈判过程，卡隆对韦尔热纳的表现感到失望和不解，尤其当英国代表以国会的否决作为谈判砝码时，韦尔热纳就立刻做出让步③。卡隆则毫不妥协，尽可能为法国工业争取更多的关税保护。1786年9月26日英法商业协定签署以后，卡隆依然坚持与英国谈判。针对该协定可能给法国工业带来的冲击，他还准备在其正式生效（1787

---

① 1664年的关税率是由柯尔培尔制定的，该税率比较低，当时的目的是要保护刚起步的工业，同时又不阻碍欧洲贸易。1667年柯尔培尔将此关税率进行大幅度提高，引发了贸易战。法国与荷兰的战争结束后，1778年签署《尼姆维根条约》时，路易十四废除了1667年的高关税政策，恢复了1664年的低关税政策。1686年，奥格斯堡反法联盟成立后，路易十四又恢复了1667年的高关税政策，但九年战争结束后，1697年签署《莱斯威克条约》又将其废除，再次实施1664年的低关税政策。1699年法国再次提高了关税。不难发现，1664年低关税成为英法贸易谈判的重要标准。西班牙王位继承战争中，在1713年《乌得勒支条约》第8条和第9条中，法国提议恢复1664年的低关税政策，但英国国会进行了否决。此后，1664年的低关税政策就一直没有恢复。美国独立战争后，法国外交大臣韦尔热纳再次提出了恢复1664年低关税政策的建议。

② DONAGHAY M．Calonne and the Anglo-French Commercial Treaty of 1786［J］．The Journal of Modern History，1978，5（3）：1157-1184．

③ 尤其是在丝绸贸易谈判过程中，卡隆力争打开英国市场，但当英国代表以国会的否决要挟时，韦尔热纳就做出让步，导致法国丝绸依然被禁止进入英国市场。参见 DONAGHAY M．Calonne and the Anglo-French Commercial Treaty of 1786［J］．The Journal of Modern History，1978，5（3）：1173．

年5月）前实施一项重要的补救计划，即"单一税计划"（the single du-
ty project）。然而，遗憾的是，1787年2月，随着外交大臣韦尔热纳的
去世，法国政局开始不稳定。而在此时，卡隆承担着推进法国财税改革
的重要使命，他为此建议国王召集的显贵会议未达到预期的效果，并不
幸在会议期间（4月8日）被解职。他在英法商业协定上的所有努力也
随之付诸东流。卡隆的后继者富尔盖尽管也试图为法国工业争取一些保
护措施，但基本失败。贸易谈判的天平偏向了英国。总体而言，法国在
这次贸易谈判中，贸易自由主义思想占据了主导地位。这表明，法国在
经济政策上发生了从重商主义到贸易自由主义的转变。这一转变是否受
到当时正在兴起的重农学派的影响？影响几何？

### 3.4.4　重农主义通过杜邦对法国经济政策产生了决定性影响

重农主义者杜邦（DuPont de Nemours）也是1786年英法贸易谈判
的参与者之一。但两方面原因导致杜邦的影响容易被忽视。其一，英国
同意就商业问题开展正式谈判后，杜邦多次主动请求担任法国谈判代表
这一使命，但韦尔热纳对他的外交能力有所顾虑，因而没有同意。其
二，杜邦不是商业协定的主要起草者，他只负责其中一部分内容。可
见，杜邦既不是谈判的参与者，也不是协定的主要起草者。然而，若对商
业协定签订前的准备工作进行考察，则会发现杜邦的影响是极其重要的。

如前所述，韦尔热纳作为法国外交大臣促使法国基本遵循了"自由
体系"的谈判原则，这与杜邦的影响密切相关。杜邦与韦尔热纳的关系
可以从杜尔阁执政时谈起。杜邦跟杜尔阁关系甚密，后者在担任财政大
臣期间推荐杜邦为商务总监（inspector-general of commerce）。1776年杜
尔阁因为改革遇阻而辞职。此后，杜邦向当时的外交大臣韦尔热纳投
靠。后者尽管是杜尔阁的反对者，但深知自己在经济领域的不足，因而
很乐意任用一位具有国际知名度的经济学家[1]。由此，杜邦作为一名商
务总监，实际上成了韦尔热纳的商业参谋或经济顾问。杜邦的重农主义
思想影响了韦尔热纳，有学者甚至认为杜邦使他转变为杜尔阁的信徒。

---

① MURPHY O T. DuPont de Nemours and the Anglo-French Commercial Treaty of 1786 [J].
The Economic History Review，1966，19（3）：569-580.

  1786英法商业协定的萌芽可以在1782年初杜邦与韦尔热纳的通信中找到，前者建议后者在与英国开展和平谈判时，将新的商业贸易谈判提上日程。信中建议说："要求英格兰、苏格兰和爱尔兰废除对法国商品的禁止性关税，包括葡萄酒、白兰地（brandies）、盐、丝绸、亚麻布、上等细棉布或麻布（lawns）、细棉布或细亚麻布（batistes）、花边（lace）和绸布类产品（merceries）。作为回报，法国将以适当的关税向英国商品开放，包括羊毛制品、金属制品（hardware）、绸布类产品、马口铁（tin）和煤。"①显然，杜邦的本意是希望英法两国抛弃贸易保护主义，以相互开放的姿态开展新的商业谈判。此后，杜邦多次就此事向韦尔热纳建言。在1783年英法和平谈判中，在韦尔热纳的努力推动下，《凡尔赛和约》增添了第十八条，约定英法双方应尽快派代表谈判新的商业协定②。韦尔热纳的这一举动显然是受到了杜邦的影响。对于这一约定，刚上任的英国首相皮特无暇顾及，他正忙于处理其他事务，且面临着复杂的国内政治经济局势。因此，法国成为这次贸易谈判的发起者和推动者，甚至通过一些极端的关税手段逼迫英国走上谈判桌。

  《凡尔赛和约》签订以后，杜邦在法国政府的影响力不断提升，尤其1785年他被任命为商业局（the Bureau of Balance of Commerce）负责人之一，主管法国北部。该职位使杜邦在法国对外政策方面产生重要的影响力，也使他成为"韦尔热纳在制定英法商业协定时最得力的助手之一"③。这已经足以说明，重农主义思想已经对法国经济政策产生了实质性影响。与此同时，随着杜邦在政府中职位的提升，他宣传的重农主义思想也自然受到很多政府要员的支持。一份提交给最高行政法院的文件说明了政府部门持有的重农主义思想。文件中强调"农业是繁荣的坚实基础。应该鼓励农产品出口以推动农业发展……农业生产者的利益始终比制造业者重要……鼓励与外国竞争是明智的……"④。这足以说

  ① MURPHY O T. DuPont de Nemours and the Anglo-French Commercial Treaty of 1786［J］. The Economic History Review，1966，19（3）：569-580.
  ② BROWNING O. The Treaty of Commerce Between England and France in 1786［J］. Transactions of the Royal Historical Society，1885，2：350.
  ③ MURPHY O T. DuPont de Nemours and the Anglo-French Commercial Treaty of 1786［J］. The Economic History Review，1966，19（3）：573.
  ④ BROWNING O. The Treaty of Commerce Between England and France in 1786［J］. Transactions of the Royal Historical Society，1885，2：357-358.

明，重农主义思想已经深入法国政府要员的心中。

总之，杜邦虽然未能成为最后的谈判者，也不是协定的主要起草者，但作为一个经济学家，他是这次贸易谈判的思想引领者。正如墨菲（Murphy）所言："杜邦在 1786 年英法商业协定中是一个重要的角色……他的贡献在于为如何创造自由贸易的条件提供了一个观念丰富的头脑。"[1]

与重农主义思想形成鲜明对照，来自法国制造业者的请求和建议却未被重视。1786 年英法商业协定引起了法国工业界的反对。法国制造业和商业工会抱怨这一协定签署后才被告知。为此，诺曼底商会委派两位代表对英格兰和法国诺曼底制造业状况开展了全面调查[2]，包括毛织品、丝绸、棉织品、尼龙、冶金、陶瓷等诸多领域。调查发现，法国除了在丝绸相关行业有一定优势外，其他行业都落后于英国。由于棉纺织业是诺曼底的支柱产业，因而商会代表对其在英格兰的状况做了更详细的考察。在该行业，法国本该在原材料供应方面有一定的优势，但英国人的走私行为使之消失。最重要的一点是，他们发现法国的单一纱锭纺织技术在英国很早就被淘汰了，英国采用的珍妮机一次可以操作 120 个纱锭。而且，这种高效率的纺织技术正在向毛纺织业等其他领域推广。

除了不断推广的机械化生产外，英国在工业原料、矿产资源和金融等诸多方面都有明显的优势。按照协定规定的 10%~12% 的关税率远不能抵消英国在效率和成本上的优势，因而这一关税率对法国制造业而言并不具有保护作用。这一关税率的意义仅在于政府的财政收入，其对于法国制造业的影响则无异于自由贸易。总之，这一调查的最终结论非常明确，英国在工业方面有明显的优势，自由贸易将对法国工业造成严重伤害。然而，这一调查结论并没有改变法国政治精英的重农主义倾向[3]。1786 年商业协定在思想上迎合了重农主义，但结果却是对法国工业的

---

[1]　MURPHY O T. DuPont de Nemours and the Anglo-French Commercial Treaty of 1786 [J]. The Economic History Review，1966，19（3）：573.

[2]　关于这个调查参见 SEE H. The Normandy Chamber of Commerce and the Commercial Treaty of 1786 [J]. The Economic History Review，1930，2（2）：308-313.

[3]　这个问题也容易归咎于法国的专制制度。但历史事实是，在最专制的柯尔培尔时代，法国制造业得到最好的发展。路易十六时期法国是否专制有待商榷暂且不论，倘若法国政治精英领会了重商主义的精髓，则法国不会签署这份协定。总之，制度是否专制不是问题的关键。

致命性打击①。以棉纺织业为例，法国本已经进入了工业化的初期，但英国的廉价商品将其摧毁在摇篮之中。大革命期间，法国经济政策制定者吸收了这一教训，走向了贸易保护主义。

## 3.5  本章小结

在柯尔培尔去世至大革命爆发的一个世纪的时间里，法国经济曾有过短暂的恢复和繁荣，且在殖民地经营方面也表现出色。然而，接连不断的战争使法国经济失去了和平发展的机遇，也使法国丧失了大多数殖民地。法国最后陷入了经济萧条和无法克服的财政危机之中。举步维艰的财政税收制度改革和不断激化的社会矛盾，致使法国大革命如箭在弦上。

导致法国大革命爆发的最后一根稻草是1786年英法商业协定。随着重农学派的兴起，法国开始流行自由贸易主义的经济思想，重商主义的影响日渐式微。依照重农学派的主张，法国可以凭借农业上的比较优势实施更加自由开放的经济政策，从而解除对英国工业制成品的限制。1786年英法商业协定的正式签署宣告了重农学派的胜利。但不幸的是，这一商业协定的执行却导致法国制造业的衰败，进而加剧了社会矛盾，最终使一触即发的大革命爆发了。

如上一章所述，柯尔培尔重商主义政策的制定主要依据法国的基本国情和经济实践，重商主义的经济思想也是源于对经济实践的经验总结。与此不同，重农学派所主张的经济政策主要源自对自由贸易主义和比较优势理论的发挥。从经济政策与经济思想的关系看，1786年英法商业协定表明流行的经济思想左右了经济政策的制定。在下一章的分析中，我们会发现，大革命爆发以后，法国抛弃了流行经济思想的主张，走向了贸易保护主义。

---

①  商业协定签订的第二年，即1787年，英国对法国的商品输出由1784年的1 300万里弗尔增至4 830万里弗尔，1788年增至6 370万里弗尔，1789年略降至6 090万里弗尔。法国对英国的商品输出1784年为2 000万里弗尔，1787年增至3 420万里弗尔，1788年略降至3 040万里弗尔，1789年增至3 510万里弗尔。可见，在商品输出方面，英国远远超过法国；从商品结构方面，英国输入法国的多为制造品，而法国输入英国的以农产品为主。参见刘军大，刘湘予. 拿破仑与大陆封锁：从拿破仑的经济政策看拿破仑帝国的覆灭 [M]. 北京：华夏出版社，2001：35.

# 4 法国大革命时期的主要经济政策：
## 1789—1799

　　从上一章可知，1786年英法商业协定是导致法国发生经济危机的一个重要因素，从而也与法国大革命的爆发息息相关。这一协定使英国的商品涌入法国市场，导致法国处于初级发展阶段的工业走向毁灭。法国工业的萧条导致大量失业工人的产生[①]，而这些失业工人[②]成为法国大革命中重要的群众力量。另外，大革命前夕，农业歉收问题导致农民生活困苦，农民暴动已经非常普遍，同时有大量的农民涌入城市，但由于工业的萧条，涌向城市的农民也遇到严重的失业问题，从而这些失业农民也成为大革命爆发的群众力量。这些失业工人与农民同时面临着严重的粮食危机，面包价格飞涨，因而他们的革命情绪异常高昂。

---

[①] 当然，学界关于1786年英法商业协定对法国工业化的影响存在争议，但一个重要历史事实不容回避，即法国失业工人将矛头指向了英国竞争者。参见马迪厄. 法国革命史 [M]. 杨人楩，译. 北京：商务印书馆，1973：57-58；罗琴斯卡娅. 法国史纲：十七世纪至十九世纪 [M]. 刘立勋，译. 北京：生活·读书·新知三联书店，1962：101；多伊尔. 法国大革命的起源 [M]. 张驰，译. 上海人民出版社，2009：168.

[②] 与当时法国工业以家庭手工业和小作坊为主的特点相适应，"工人这个名词可以指普通依靠工资过活的人，也可以随意用来指那些独立的工匠、小作坊老板——甚至偶然也可以指有钱的制造场主"。参见鲁德. 法国大革命中的群众 [M]. 何新，译. 北京：生活·读书·新知三联书店，1963：20.

工业与农业的普遍萧条，不仅带来了饥荒，而且也是逼迫法国开展根本性财税改革的重要因素。时任财政大臣卡隆深知，要解决法国的财政危机，只能触动特权阶级的利益。为此卡隆上书国王路易十六，建议召集显贵会议，向特权阶级征税，从而激化了其与君主之间的矛盾。特权阶级为了维护自身利益，以召开三级会议的名义来抵抗王权，从而为第三等级（大都由资产阶级或资产阶级出身的官吏和自由职业者构成[①]）创造了历史机遇。第三等级正是依赖上述群众基础赢得了胜利。但第三等级的阶级成分复杂，导致法国大革命的形势也异常多变。根据已有的研究成果，本章将法国大革命划分为四个发展阶段，即君主立宪派执政时期、吉伦特派执政时期、雅各宾派执政时期，以及热月党和督政府的统治时期[②]。

## 4.1 君主立宪派的经济政策

### 4.1.1 君主立宪派执政的政治背景

1789年5月5日三级会议开幕以后，第三等级要求以人头为单位行使表决权，以发挥其在人数上的优势，但特权阶级对此坚决反对，坚持按等级投票。第三等级为此开展了顽强的斗争。借群众革命情绪高涨之势，第三等级于6月17日强行将三级会议改组为国民会议，宣布只有国民会议才能真正代表全国人民的意志。国民会议得到了群众支持，同时吸收了大量僧侣和贵族的加入，进而控制了国内政治局势。7月9日，国民会议被改组为制宪会议，并开始起草宪法。7月14日巴士底狱被攻克后，法国大革命进入第一阶段，即君主立宪派的统治时期（1789年7月14日至1792年8月10日）。

君主立宪派掌权后，制宪会议先后颁布了八月法令和《人权宣

---

① 王荣堂. 十八世纪法国资产阶级革命［M］. 上海：上海人民出版社，1955：54.
② 关于法国大革命分期问题，学界尚未达成一致。相关争论可参见楼均信. 法国大革命反思［C］//中国法国史研究会. 法国史论文集. 上海：学林出版社，2000：67-77. 一般而言，1794年7月27日热月政变标志着大革命的结束。本章基于研究的需要，将其推迟至1799年拿破仑发动雾月政变。

言》，宣布"国民会议将封建制度全部予以废除"，①确立了资产阶级治国的基本原则。1791年9月3日，法国历史上第一部宪法获得正式通过，规定法国为君主立宪国家。上述纲领性文件或政策尽管没有专门谈及经济政策，但其反封建立场及对自由原则的奉行为法国经济的自由化改革奠定了基础。

### 4.1.2　君主立宪派的主要经济政策

君主立宪派的主要经济政策体现在三个方面。

其一，封建税收制度的废除和土地制度改革。被八月法令宣布全面废除的封建制度中自然包括封建经济制度，主要表现在税收和土地政策两个方面。在税收方面，八月法令废除了教会什一税等封建特权相关税种，并取缔了特权等级的免税权。八月法令颁布以后，制宪会议又陆续出台了一些有利于工商业发展的税制改革措施。盐税、商品税等主要间接税被取消，所有的直接税都被地产税和个人动产税取代②。在土地政策方面，八月法令规定以赎偿方式废除土地相关贡赋，但赎偿实际上为农民设置了门槛，使他们"仍然要被迫缴纳几乎和过去同样多的租税"③。可见，君主立宪派尽管反对封建特权，但并没有真正关心农民的利益，而是"小心翼翼地保留了对他们有利的地租"④。君主立宪派使农民的希望落空了。

其二，国内市场的统一和国内贸易自由。制宪会议于1789年8月底恢复国内粮食贸易自由，但依然禁止出口；次年11月5日，通过决议，取消省际关卡；1791年2月19日，再度颁布法令，取消包括征收入市税的市设关卡在内的所有国内关卡⑤。此外，制宪会议还统一了全国的度量衡，建立十进位制。这些措施都有力地促进了国内市场经济的发展。但粮食贸易自由政策引发了严重的混乱。在普通大众以及一些学者

---

① 张芝联. 法国通史 [M]. 北京：北京大学出版社，1989：157.
② 黄艳红. 法国旧制度末期的税收、特权与政治 [M]. 北京：社会科学文献出版社，2016：324.
③ 佩尔努. 法国资产阶级史：近代 [M]. 康新文，等，译. 上海：上海译文出版社，1991：282.
④ 米盖尔. 法国史 [M]. 蔡鸿滨，译. 北京：商务印书馆，1985：270.
⑤ 王令愉. 论君主立宪派的贸易、税制和金融改革——法国大革命初期的改革研究之四 [J]. 历史教学问题，2006（6）：4-7.

看来，粮食贸易自由的真正受益者是地主和商人，他们为了自己的利益囤积居奇，给百姓带来严重伤害。面包问题也成为法国大革命的一个重要因素。

1791年3月2日，制宪会议通过了《达拉尔德法》，宣布全面废除行会制度，取消了享有特权的手工工场，准许国内经商自由。1791年9月至10月，制宪会议取消了行业业务警察委员会和产品制造管理人，并废除了采矿禁令。制宪会议还推行了一种自由的发明专利制度，以取代过去的工业特权①。上述三个方面都大大激发了法国经济的市场活力。与此同时，君主立宪派为维护自身的利益和统治地位，通过《勒夏珀利埃法》巧妙地将封建行会与工人联盟混为一谈，从而"以'自由'的名义使工人失去了联合的一切可能"②。

其三，对外贸易政策的转变。法国贸易政策转向保护主义，首先是因为1786年英法商业协定的教训。1786年英法商业协定致使英国廉价商品涌入法国市场，对法国工业造成重创。法国工商业者作为最直接的受害者，一直呼吁当政者采取保护主义。与此同时，广大失业工人也将矛头指向了英国竞争者，正是这些竞争者导致他们失业。自由贸易政策已经给法国带来了严重的损失和混乱，因而法国理所当然要转向贸易保护主义。

1790年底，农业与贸易委员会代表古达尔在向议会提交的一份报告中正式提出了采取保护主义政策的诉求。古达尔正确地指出，国内贸易和国外贸易应做区别对待，对后者采取自由主义政策严重损害了法国工业发展。为此，他向制宪会议提交了一份议案，主张采取保护主义政策。但他的议案受到当时杜邦等重农主义者的反对，因而没有顺利通过。经过两度修改，并加入一些自由主义的内容后，《古达尔法》才于1791年2月12日通过③。这个法令对保护法国纺织业等产业产生了积极意义，但还不足以废除1786年英法商业协定。只有当第一共和国建立，

① 王令愉. 论君主立宪派的农业和工业改革——法国大革命初期的改革研究之一〔J〕. 历史教学问题，2004（4）：17-20.

② 佩尔努. 法国资产阶级史：近代〔M〕. 康新文，等，译. 上海：上海译文出版社，1991：213. 1794年雅各宾派利用这个法令阻止了工人罢工运动。

③ 王令愉. 论君主立宪派的贸易、税制和金融改革——法国大革命初期的改革研究之四〔J〕. 历史教学问题，2006（6）：4-7.

吉伦特派执政后，法国工业资产阶级以战争威胁为契机说服政府于1793年2月1日颁布更加具有保护主义的法令，从而真正废止了1786年英法商业协定。

然而，英国此时正在巧妙地运用中立国船只向法国出口商品。只要允许中立国与法国通商，就不能阻止英国商品涌入法国市场。因此，法国很快又颁布了禁运令[①]。

除了上述三个方面，君主立宪派在金融领域也开展了创新性改革，试图通过发行"指券"来解决法国财政危机。这一改革为法国偿还债务、摆脱财政危机发挥了重要作用，但同时引发了严重的通货膨胀等不良后果。此外，《人权宣言》体现了信仰自由和宗教宽容，这对法国工商业的发展具有积极意义[②]。君主立宪派对教会财产的没收对天主教势力造成了根本性的打击。

## 4.2 吉伦特派执政时期的主要经济政策

### 4.2.1 吉伦特派执政的政治社会背景

君主立宪派执政以后，法国经济社会依然动荡不安。一方面，经济危机依然困扰着法国，物价上涨、商业投机肆无忌惮，引发了大规模的群众暴动。在农村，广大农民对于君主立宪派的土地政策非常不满，开展了更激烈的革命斗争。另一方面，路易十六尽管承认了宪法，但并未放弃复辟的野心。他甚至试图勾结国外封建势力开展反革命运动。在这种形势下，法国革命党派发生了严重分歧。

在广大群众要求废除君主走向共和的革命运动中，作为政治领袖集聚地的雅各宾俱乐部出现了明显的分化。首先，坚持君主立宪制的党派从中分离出来，形成斐扬派。这一党派主要代表金融资产阶级，并袒护国王。其次，代表大工商业资产阶级的党派也从雅各宾俱乐部中分离出

---

① 勒费弗尔. 拿破仑时代：上卷 [M]. 河北师范大学外语系《拿破仑时代》翻译组，译. 北京：商务印书馆，1978：46.
② 法国宗教宽容政策在大革命前夕就已经得到恢复，即路易十六于1787年11月19日颁布敕令，归还新教徒的公民权和自由地位. 佩尔努. 法国资产阶级史：近代 [M]. 康新文，等，译. 上海：上海译文出版社，1991：52.

来，形成吉伦特派。他们维护共和制，因而得到了广大革命群众的支
持。两大政党分离出去以后，雅各宾俱乐部剩余成员形成雅各宾派，这
一党派代表中小资产阶级革命民主派，他们与人民群众走得最近，因而
与代表下层群众利益的科尔德利俱乐部逐渐走向了联合。但在革命的第
二阶段，取得领导权的是吉伦特派，而非雅各宾派，因为前者暂时得到
了群众的拥护，且代表了更强大的资产阶级势力。

1791年6月国王出逃事件发生以后，要求废除国王并建立共和制的
呼声不断增强，君主立宪派逐渐失去了群众基础。1792年4月，法国与
普奥反法同盟之间的战争爆发，路易十六勾结外部封建势力的阴谋初步
得逞。7月，普奥同盟在乘胜之机发表了一个告法国人的宣言，要求法
国人民不得侵犯国王及其家族，并恢复国王的权力①。法国广大人民群
众为此开展了不屈不挠的斗争，一方面参加志愿军，抗击国外封建反动
势力；另一方面在国内发动起义，彻底废除君主制。

1792年8月10日，在国内外紧张的局势下，广大群众发动了人民
起义，逮捕了国王路易十六，结束了3年的君主立宪政体。代表金融资
产阶级的君主立宪派和斐扬派退出了革命的政治舞台。此后，革命党派
宣布以全民普选的方式选举议员成立国民公会。法国大革命进入第二个
发展阶段，即法兰西第一共和国的吉伦特派执政时期（1792年8月10
日至1793年6月2日）。共和国的成立极大地鼓舞了广大人民群众，激
发了强烈的爱国热情，纷纷加入保卫国家的战争队伍中。1792年9月21
日，法国军队赢得了瓦尔弥战争的胜利，使法军转败为胜。随后，法国
军队以战无不胜之势打垮了反法同盟。

这次人民起义的领导者是巴黎公社，其领导成员主要来自代表广大
人民群众利益的雅各宾派和科尔德利派，但立宪会议主要掌握在吉伦特
派手中。在国民公会的议员席位中，代表大工商业资产阶级的吉伦特派
多于雅各宾派，获得了法兰西第一共和国的统治权。但吉伦特派的执政
时间是短暂的。其一，吉伦特派执政后，不顾国家危亡，将矛头指向了
自己的政敌雅各宾派。当反法同盟的大军压境时，吉伦特派表现怯懦，

---

① 王荣堂. 十八世纪法国资产阶级革命［M］. 上海：上海人民出版社，1955：88.

甚至选择了撤退和逃跑①。其二，吉伦特派延迟了对国王的审判，并为其寻求开脱的机会，即使在审判过程中，也表现出了对国王的庇护。这两点说明，吉伦特派已经违背了广大人民群众的意愿。与此同时，雅各宾派则以国家危亡的大局为重，越来越受到广大群众的支持。其三，在欧洲战场上，吉伦特派的表现也令法国人不满。尤其1793年2月英国加入反法同盟后，法国军队开始由盛转衰。当然，最重要的还是吉伦特派所采取的经济政策不仅失败了，而且引起人民群众的强烈不满。

### 4.2.2 吉伦特派执政时期的经济政策

从总的经济观念看，吉伦特派坚决反对政治对商业自由的限制，这一点明显不同于雅各宾派②。从自身利益看，吉伦特派代表大工商业资产阶级的利益，因而反对政府管制。吉伦特派这一立场也有重要的理论支撑，其最杰出的理论家孔多塞是重农学派的坚决拥护者，尤其捍卫贸易的完全自由，指出："贸易和宗教一样，应当是绝对自由的。"③因此，吉伦特派执政时主张经济自由主义。"他们认为干涉个人最少的政府是最完全的政府。"④然而，吉伦特派的这一信念脱离了法国实际国情。

吉伦特派执政后的法国面临着严重的经济危机。对于因战争等带来的财政危机，吉伦特派延续了君主立宪的手段，即通过发行指券来充实国库。然而，指券的过度发行导致了严重的通货膨胀。一方面，工人们的生活成本提高了。1791年和1792年尽管粮食收成并不差⑤，但通货膨胀导致粮食和面包价格飞涨⑥，工资却没有得到相应提高。与此同时，法国还面临着工场停工、工人失业的问题，仅里昂市就有三万纺织工人失业。另一方面，通货膨胀加剧了商业投机，也降低了指券的信誉度，

① 马迪厄. 法国革命史 [M]. 杨人楩，译. 北京：商务印书馆，1973：284-286.
② 马迪厄. 法国革命史 [M]. 杨人楩，译. 北京：商务印书馆，1973：269-270.
③ 转引自沃尔金. 十八世纪法国社会思想的发展 [M]. 杨穆，金颖，译. 北京：商务印书馆，1983：400.
④ 马迪厄. 法国革命史 [M]. 杨人楩，译. 北京：商务印书馆，1973：344.
⑤ 1792年的粮食还获得了丰收. 参见刘宗绪. 雅各宾专政在法国大革命中的地位 [C] //中国法国史研究会. 法国史论文集. 北京：生活·读书·新知三联书店，1984：83.
⑥ "1791年曾是二个苏一磅的面包，1792年底1793年初涨到了八个苏一磅。"参见张芝联. 法国通史 [M]. 北京：北京大学出版社，1989：176-177.

很多地主和农民宁愿将谷物收藏起来也不出售给市场①。这两个方面导致城市供应的粮食和面包的价格飞涨和严重短缺。于是，国内出现了严重的骚乱，人民群众要求对粮食和面包制定最高限价并采取国家管制。与此同时，广大农民对土地政策依然不满，要求颁布土地法，无偿平分土地②。农民的这一要求已经具有社会主义或共产主义的性质。

但吉伦特派对群众的呼吁可谓熟视无睹。当时的内政部长罗兰依然秉持着经济自由主义的信念，"他认为政府权力干涉就是旁门左道，一切立法限制及征发都会危害财产，都是向无政府状态的犯罪让步"③。总之，吉伦特派没有提出任何补救办法，他们坚信"自由竞争是一剂至上的万能药"④。当然，吉伦特派的经济自由主义信念及举措完全符合工商业资产阶级的利益。1793年11月19日，一份反对粮食自由贸易的请愿书被提交到国民公会。经过激烈的辩论后，吉伦特派对此进行了否决，雅各宾派则保持了沉默。随后，吉伦特派对群众的限价运动进行了镇压，并于12月8日颁布法令，规定阻碍粮食自由贸易的人将被处以死刑⑤。雅各宾派也对这一法令投了赞成票。

12月8日法令的颁布显然脱离的人民群众，也脱离了当时法国现实国情。该法令颁布后，指券进一步贬值，以至于"工人一天的工资刚刚能买一磅面包"⑥。因此，限价运动更加风起云涌。此时涌现出一批平民革命家，形成新的革命党派，即忿激派。该革命党派完全站在最底层人民群众的立场，要求实施严格的限价政策，以死刑等严惩投机商，并彻底解决土地问题。随着革命形势的发展，雅各宾派不得不转变自己的态度，与忿激派走向了联合。随后，雅各宾派表明了立场。1793年1月6日，雅各宾派代表在国民公会中公开宣布吉伦特派的经济政策是彻底失败的⑦。随后，内政部长罗兰辞职，标志着吉伦特派自由主义经济政

---

① 马迪厄. 法国革命史 [M]. 杨人楩，译. 北京：商务印书馆，1973：325，436.
② 吉伦特派进一步使农民摆脱了封建依附关系，但依然没有解决农民所期望的土地分配问题。参见罗琴斯卡娅. 法国史纲：十七世纪—十九世纪 [M]. 刘立勋，译. 北京：生活·读书·新知三联书店，1962：143.
③ 马迪厄. 法国革命史 [M]. 杨人楩，译. 北京：商务印书馆，1973：438.
④ 马迪厄. 法国革命史 [M]. 杨人楩，译. 北京：商务印书馆，1973：438.
⑤ 张芝联. 法国通史 [M]. 北京：北京大学出版社，1989：177-178.
⑥ 刘宗绪. 雅各宾专政在法国大革命中的地位 [C] //中国法国史研究会. 法国史论文集. 北京：生活·读书·新知三联书店，1984：85.
⑦ 马迪厄. 法国革命史 [M]. 杨人楩，译. 北京：商务印书馆，1973：447.

策的结束。

吉伦特派不得不承认自己的自由主义经济政策全面失败。在强大的压力下，吉伦特派不情愿地按照忿激派的要求于1793年4月颁布强制行使指券法令，5月4日又通过了面粉及粮食最高限价法令[①]。

在对外贸易方面，吉伦特派也是坚决的自由主义者。他们坚信自由贸易是财富的源泉，即使战争爆发时也坚持自由贸易主义。因此，吉伦特派执政后，无论对于国内经济还是国际贸易都坚守着自由主义的导向[②]。他们的成员和支持者中很多都是靠对外贸易起家的。也就是说，他们与重农主义学派一致，坚决反对贸易保护主义。如前所述，君主立宪派执政时期，由于重农学派等的反对，贸易保护主义未能真正贯彻实施。

然而，吉伦特派的经济自由主义在短时期内就被宣告失败，与此同时，不断强大的反法同盟军已逼迫吉伦特派放弃对自由贸易主义的幻想。在对英国宣战当天，法国颁布了1793年2月1日法令。法令当中的第一条为"废除旧法国政府及共和国与现在交战中各国所订现存一切同盟条约或通商条约"。这相当于宣告了1786年英法商业协定的废除。

## 4.3  雅各宾派执政时期的主要经济政策

### 4.3.1  雅各宾派执政时的国内外政治局势

吉伦特派采取的限价政策及贸易保护政策已经无法挽回其走向失败的大局。人民群众已经不再信任吉伦特派。更糟糕的是，在欧洲战场上，吉伦特派军事将领迪穆里埃（Dumouriez）出现了叛变，试图私通外敌推翻法国共和制，恢复君主制。吉伦特派彻底失去了民心。1793年5月31日至6月2日，人民群众发动起义推翻了吉伦特派的统治，此

---

① 王荣堂. 十八世纪法国资产阶级革命 [M]. 上海：上海人民出版社，1955：88；马迪厄. 法国革命史 [M]. 杨人楩，译. 北京：商务印书馆，1973：512. 关于该限价法令的具体内容参见韩乘文，徐云霞. 法国大革命中限价问题的历史考察 [J]. 史学月刊，1992 (1)：90-98.
② 王养冲. 论吉伦特派的阶级构成和思想观点 [J]. 华东师范大学学报：哲学社会科学版，1998 (1)：1-6.

后法兰西第一共和国开始了雅各宾派统治时期（1793年6月2日至1794年7月27日）。

雅各宾派执政后，法国正面临危机四伏的境地。在欧洲战场上，法国战略形势危急，自英国和西班牙加入反法同盟后，几乎对法国"形成了一条从陆地到海洋保卫法兰西共和国的完整的敌国链"[1]。法国几乎要同整个欧洲作战，且海上也被英国封锁。当时的战况也颇为危急，尤其在迪穆里埃等高级将领叛逃事件后，法国军队节节败退，反法同盟军队已经全面进入法国领土。同时，国内的王党反革命势力也在煽动大规模的暴乱，对法国安全造成严重威胁。国内经济危机继续加重，指券出现了更大幅度的贬值，后来只相当于票面价值的20%[2]。国内人民群众再次掀起了限价运动的高潮。

### 4.3.2　雅各宾派执政时期的主要经济政策

雅各宾派尽管也秉持经济自由主义的原则，但与吉伦特派相比，表现出更大的灵活性。在这种危急形势下，雅各宾派采取了群众路线。一方面，迎合农民的需要，解决土地分配问题。为此，雅各宾派分别于1793年6月3日、6月11日和7月17日连续颁布了三项土地法令。这三项法令比较彻底地解决了农民土地问题，使数十万无地农民成为小块土地的私有者[3]。

另一方面，雅各宾派迎合城市平民的需要，颁布了全面而严格的限价法令。雅各宾派一向坚决反对商业投机活动，1793年7月就颁布了严禁囤积居奇的法令，对违者处以死刑。但对于限价运动，如前所述，雅各宾派刚开始与吉伦特派一致，认为限价违反了自由原则，因而反对这一运动。但是，迫于当时更加危急的革命形势以及吉伦特派的教训，雅各宾派选择了群众路线，制定并颁布了全面而严格的限价法令，即1973年9月29日全面限价法令[4]。

①　马汉. 海权对法国大革命和帝国的影响：1793—1812 [M]. 李少彦，等，译. 北京：海军出版社，2013：54.
②　刘宗绪. 雅各宾专政在法国大革命中的地位 [C] //中国法国史研究会. 法国史论文集. 北京：生活·读书·新知三联书店，1984：94.
③　王荣堂. 十八世纪法国资产阶级革命 [M]. 上海：上海人民出版社，1955：119.
④　韩乘文，徐云霞. 法国大革命中限价问题的历史考察 [J]. 史学月刊，1992（1）：90-98.

　　全面限价法令很快发挥了作用，指券扭转了贬值的颓势，从8月份票面价值的20%回升到12月份的48%①。更重要的是，这些措施调动了人民群众的积极性，激发了他们强烈的爱国热情。由此，雅各宾派与农民和城市平民建立起强大的人民群众联盟，进而建立起士气高昂的革命军队，并很快扭转了战争局势。1794年春，国内的反革命势力被肃清，反法同盟的军队也被全部赶出国门。这期间，法国出现了一些农民、小商人等出身的军队将领。在1793年底收复土伦的战役中，年轻的炮兵上尉拿破仑初露锋芒。

　　在对外贸易方面，雅各宾派进一步加强了贸易保护主义。在1973年2月1日法令的基础上，又于1793年9月21日通过《航海条例》。这一条例直接抗击英国海上霸权，并垄断殖民地贸易，使之成为法国制成品的输出地和原材料的供给地。雅各宾派的《航海条例》模仿了克伦威尔的做法，但没有像英国那样得到有效的实施。

　　肃清了国内外反革命势力以后，革命党派内部之间的矛盾显现，雅各宾派分裂成三个不同党派，即以罗伯斯庇尔为首的当权派、以艾贝尔为首的左派和以丹顿为首的右派。以罗伯斯庇尔为首的当权派打败了另外两个党派，将艾贝尔和丹顿送上了断头台。尽管罗伯斯庇尔暂时稳固了自己的统治地位，但雅各宾派的自身实力已经被严重削弱了。清除了艾贝尔派和丹顿派以后，雅各宾派开始改变战时经济政策。1794年4月，雅各宾派颁布新的限价法令，放宽了上一年的最高限价标准，大多数商品的价格得到明显提高②。与此同时，对工资实施限价标准，降低工人的收入水平③。显然，这些新的政策是基于发展工商业的考虑，有助于资产阶级的利益，但远未达到他们的要求。在农业方面，雅各宾派也出台了征发农民粮食并压低雇农工资的法令④。因此，雅各宾派的这些政策不仅没有满足工商业资产阶级的要求，反而使其失去了

---

① 刘宗绪. 雅各宾专政在法国大革命中的地位［C］//中国法国史研究会. 法国史论文集. 北京：生活·读书·新知三联书店，1984：94.
② 参见刘宗绪. 雅各宾专政在法国大革命中的地位［C］//中国法国史研究会. 法国史论文集. 北京：生活·读书·新知三联书店，1984：96；金重远. 雅各宾专政和最高限价政策［J］. 复旦学报：社会科学版，1989（1）：91-97.
③ 在1793年9月29日全面限价法令出台后，在商品价格得到抑制的同时，工人工资却得到了大幅度提升。参见鲁德. 法国大革命中的群众［M］. 何新，译. 北京：生活·读书·新知三联书店，1963：144-145.
④ 王荣堂. 十八世纪法国资产阶级革命［M］. 上海：上海人民出版社，1955：149.

群众基础。

与吉伦特派相似，雅各宾派也是倾向于经济自由主义的[①]，但前者似乎更注重理论，脱离了法国现实。雅各宾派则更加务实，"他们知道当时法国所处的可怕情景要求非常的补救政策"[②]。

## 4.4　热月党与督政府统治时期的经济政策

1794年热月9日（7月27日），雅各宾派政权被推翻，次日罗伯斯庇尔被送上了断头台。热月政变以后，"热月党"[③]控制了国民公会，在经济政策方面开始恢复国内市场的自由化，并于12月24日正式废除限价法令。热月党的经济自由主义立场与吉伦特派一致，因而国民公会也开始洗脱吉伦特派的罪名，并召回了该党派的部分议员。在解决政府财政问题方面，热月党也重蹈了吉伦特派的覆辙，过度增发指券引发了更为严重的通货膨胀。至1795年7月份，指券的实际价值跌至票面价值的3%，已经形同废纸。这期间，人民群众发动了两次大规模的起义，即芽月起义和牧月起义。但与吉伦特派执政时期不同的是，这两次起义都失败了，热月党凭借军事力量掌握着政权。1795年8月22日，国民公会通过共和三年宪法。依宪法规定，行政权属于5人组成的督政府，自此法国进入督政府统治时期。

督政府的经济政策主要表现在金融和税收方面。针对指券贬值的失控，督政府停止了指券发行，进而以国有财产为担保发行土地信用券，但很快以失败告终。最后，督政府不得不于1797年2月4日宣布恢复硬币制度。然而，这一制度很快又导致了通货紧缩、货币不足的问题，因而货币政策不能改善法国财政。幸运的是，法国在征服反法同盟的过程中获得了大量的财富。同时，督政府开展了较为广泛的税收改革，增设了新的税种，恢复了一部分旧税，并进一步完善税法，颁布了注册法

---

① 韩乘文，徐云霞. 法国大革命中限价问题的历史考察 [J]. 史学月刊，1992 (1)：90-98.
② 马迪厄. 法国革命史 [M]. 杨人楩，译. 北京：商务印书馆，1973：345.
③ "热月党"不是一个政党，而是反对罗伯斯庇尔的各派人物的联合. 张芝联. 法国通史 [M]. 北京：北京大学出版社，1989：193.

和关税法①。

在对外贸易方面，法国对反法同盟的征服为其开辟欧洲市场提供了机遇。督政府与普鲁士、西班牙、荷兰、奥地利等国加强了贸易往来，并凭借自身权势要求这些国家切断与英国的贸易往来。1796年10月31日（共和5年雾月10日），督政府通过一项法律，全面禁止英国商品的输入。1798年1月18日，督政府通过了一项更为严厉的法令。该法令规定，只要在船上发现英国商品，哪怕只有一条英国生产的手帕，那么这整条船就可以被判为违法②。

不幸的是，督政府对这一政策的贯彻和执行力非常有限，无法阻止英国商品在欧洲市场的泛滥。英国通过联通北海与波罗的海的港口与大陆其他国家开展了密切的贸易往来③。督政府眼睁睁地看着英国贸易的持续繁荣，而法国的贸易更加萎靡④，最后失望地承认"海上没有一艘船挂的是法国国旗"⑤。此时，督政府已经意识到，法国要实现对英国的封锁，必须加强对其他大陆国家的控制，因而已经出现了大陆封锁的苗头⑥。

## 4.5　本章小结

本章分四阶段简述了法国大革命时期的主要经济政策。从国内经济政策看，大革命时期的各个执政党尽管在国家是否应干预经济方面存在分歧，但总体上消除了阻碍资本主义经济发展的封建制度障碍。从对外贸易政策看，法国吸取了1786年英法商业协定的教训，逐渐向着贸易

---

① 参见张芝联. 法国通史［M］. 北京：北京大学出版社，1989：207；丁建定. 浅谈督政府的经济措施［J］. 史学月刊，1991（5）：108-109.
② 马汉. 海权对法国大革命和帝国的影响：1793—1812［M］. 李少彦，等，译. 北京：海军出版社，2013：435.
③ 勒费弗尔. 拿破仑时代：上卷［M］. 河北师范大学外语系《拿破仑时代》翻译组，译. 北京：商务印书馆，1978：55.
④ 在马汉看来，"以1798年1月18日的法律为顶点，只是吓得中立国不敢靠近法国海岸，而使英国完全控制了海洋。1797年，英国贸易衰退到达最低点，与1月18日法律实施相偶合的是英国贸易开始发展，最初是逐步地，很快就突飞猛进，其中被驱离法国的中立国占了越来越大的比例。"同时，英国可以灵活地转换贸易据点来应对法国的封锁。参见马汉. 海权对法国大革命和帝国的影响：1793—1812［M］. 李少彦，等，译. 北京：海军出版社，2013：445，436.
⑤ 马汉. 海权对法国大革命和帝国的影响：1793—1812［M］. 李少彦，等，译. 北京：海军出版社，2013：416.
⑥ 勒费弗尔. 拿破仑时代：上卷［M］. 河北师范大学外语系《拿破仑时代》翻译组，译. 北京：商务印书馆，1978：47.

保护主义的方向发展，为拿破仑构建大陆封锁体系奠定了一定的基础。

不难发现，大革命时期的法国政权是非常不稳定的，短短几年时间里就出现了不同党派轮流执政、政权频繁更替的乱象，这对法国的经济发展是极为不利的。督政府也未能扭转法国政局动荡不安的局面，在政治上表现为左右摇摆的"秋千政策"①。此时法国最需要一个强有力的政权来扭转大局。拿破仑登上政治舞台恰逢其时。

---

① 督政府面临着国内和国外的双重危机。在国外方面，督政府在与反法同盟的战争中遭遇失败，法国边境处于危急之中。督政府在国内政治上同样面临着严峻挑战，一方面要镇压农民起义和巴贝夫等共产主义极左派，又要打击右派的王党反革命势力。督政府镇压左派时，右派成为威胁，当转而打击右派时，又产生了新的左派力量。由此，督政府在政治上表现为左右摇摆，并成为"秋千政策"。这表明督政府的执政能力有限，政权不够稳定。而此时的法国最需要一个强有力的政权来维系。正是在这种背景下，拿破仑登上政治舞台。

# 5 拿破仑时期的经济政策与大陆封锁体系：
## 1800—1814

    1793 年 24 岁的青年拿破仑在法国首府土伦的战役中展露头角，后在 1795 年抗击王党反革命势力中再立大功，并被誉为葡月将军。1796 年拿破仑率军远征意大利，彻底粉碎了第一次反法同盟。拿破仑因此名声大振，成为法国人民眼中伟大的民族英雄。为了对付最强大的敌手英国，拿破仑于 1798 年远征埃及，但迫于紧张的国内政治形势，第二年就返回了法国。在去往巴黎途中，拿破仑所到之处都受到空前的欢迎，成为人民心目中的救星。1999 年 11 月 9 日，拿破仑发动雾月政变，夺取了政权。

    拿破仑执政以后，很快建立了高效的中央集权制度，正如塔尔列所言："拿破仑在其统治的第一个冬天，就建立了在一切方面都经过周密考虑的、由巴黎的上层官僚管理的中央集权的国家机器。"①这为拿破仑开展高效的内政工作奠定了基础。

---

① 塔尔列. 拿破仑传 [M]. 任田升，陈国雄，译. 北京：商务印书馆，1976：79.

## 5.1　拿破仑时代的主要经济政策

在探讨经济政策之前，不能忽视《拿破仑法典》的重要意义。该法典对私有产权制度的确立巩固和发展了资产阶级的经济基础。或者说，法典在生产关系层面上为法国的资本主义发展扫除了封建主义障碍。当然，当拿破仑的军队横扫欧洲大陆的时候，《拿破仑法典》也随之发挥了作用。以德国为例，正如恩格斯所指出的，德国的莱茵省"通过《拿破仑法典》而保持有现代法的观念，发展了规模极大的工业"[①]。

在经济政策方面，拿破仑与柯尔培尔有很高的一致性。其一，拿破仑非常重视工业，强调国家的干预，并支持成立了"全国工业促进会"和制造业公会。正如勒费弗尔所言："波拿巴和柯尔培尔一样，本性就倾向于通过行会进行管理。"[②]柯尔培尔目睹了英国商人组织的意义，因而试图通过政府干预学习英国。拿破仑也是如此，他于1810年6月在巴黎创立的法国制造业总会（the Conseil General des Manufactures），与英国于1785年3月在伦敦成立的制造业总会（the General Chamber of Manufacturers）是类似的[③]。

其二，拿破仑特别注重新技术的引进和推广。他曾设计模范织布厂，作为全国纺织工人学习的标杆，以推广先进技术。同时，他还支持发展机器制造业，以推进法国工业的机械化进程[④]。

其三，拿破仑注重国内市场的统一，统一度量衡并稳定货币。拿破仑的中央集权制度改革破除了地方经济的特点。他成立了以自己为首脑的国务会议，设置了十二个中央部门，划全国为88个省，省长由拿破仑直接任命，地方必须绝对服从中央。这改变了过去法国是无数松散联合体的局面，为统一国内市场奠定了基础，也扫除了一块法国资本主义

---

[①]　马克思，恩格斯. 马克思恩格斯选集：第四卷［M］. 中共中央马克思恩格斯列宁斯大林著作编译局，编译. 北京：人民出版社，2012：4.
[②]　勒费弗尔. 拿破仑时代：上卷［M］. 河北师范大学外语系《拿破仑时代》翻译组，译. 北京：商务印书馆，1978：165.
[③]　BARKER J R. The Conseil General des Manufactures under Napoleon（1810–1814）［J］. French Historical Studies，1969，6（2）：185–213.
[④]　克拉潘. 1815—1914年法国和德国的经济发展［M］. 傅梦弼，译. 北京：商务印书馆，1965：71.

发展的绊脚石。

拿破仑在内部交通设施的改善方面也功不可没。克拉潘称赞拿破仑是"第一流的公路和桥梁建筑家"。"桥梁；巴黎的大码头；十八条河道的改良；二百千米（原文为"公里"）以上的新运河；一万三千里格（league，长度单位，约等于三英里）以上公路的建筑或修补：这就是他的最盛年代的记录。"①尽管在帝国末年，这些公路都因战争原因而失修或遭到破坏，但依然为以后的交通事业的发展奠定了基础。复辟时期和七月王朝时期都得以在拿破仑遗产的基础上实现了内部交通的改进，从而有力地推动了国内市场经济的繁荣和工业革命的开展。

其实，国内市场的统一问题，从柯尔培尔时代就是法国面临的最大难题之一。一直到大革命爆发，这一问题还没有得到有效解决。实现中央集权似乎是解决这一问题的唯一出路。这也是法国工业化与国家干预息息相关的原因之一。拿破仑时期国内市场的统一建设奠定了19世纪法国工业发展的国内市场基础。1815年以后，由于海外市场和海外殖民地的丧失，法国越来越依靠国内市场②。

此外，在对外政策方面，拿破仑是一个十足的重商主义者，对萨伊等自由派经济学家甚为反感，并认为重农学派的政治经济学是哄骗术③。在具体行动上，拿破仑走向了柯尔培尔重商主义的一种极端形式，即大陆封锁体系。

## 5.2　大陆封锁体系

### 5.2.1　大陆封锁体系产生的背景

拿破仑建立的大陆封锁体系可以说是由法国针对英国制定的一系列

---

① 克拉潘. 1815—1914年法国和德国的经济发展 [M]. 傅梦弼，译. 北京：商务印书馆，1965：276.
② 沈坚. 论法国近代工业化的市场特征 [C]//中国法国史研究会. 法国史论文集. 上海：学林出版社，2000：176.
③ 塔尔列. 拿破仑传 [M]. 任田升，陈国雄，译. 北京：商务印书馆，1976：106.

经济政策延伸而来的①。英国是反法同盟的主要组织者和领导者，因而法国在制定限制性经济政策时，往往首先针对英国。如上一章所述，督政府执政时就已经意识到，法国要实现对英国的封锁，必须加强对其他大陆国家的控制。

拿破仑执政以后，凭借其强大的军事实力和成功的外交策略，曾使法国一度扭转了被动的局面。1802 年《亚眠条约》的签订有利于法国，英国则因此处于被动地位。正如马汉所言："英国在海外放弃了太多利益，而法国保留了在欧洲大陆的广泛的利益，并在大陆上获得了压倒性的主导地位。"②和约正式签署后，拿破仑一方面加强关税保护，限制和禁止英国商品的输入；另一方面加快了殖民地扩张的步伐③。英国无法忍受法国的不断壮大，因而想方设法干涉欧洲大陆事务，并拒绝按照和约规定的时间撤出地中海的重要岛屿马耳他④，英法之间矛盾再次激化。

1803 年 5 月 18 日，英国向法国宣战。拿破仑很快征集了一支精良的军队以备雾季来临时征战英吉利海峡，占领大不列颠。对于法国的登陆计划，"英国从 1588 年迎战西班牙的无敌舰队以来，从来都没有这样张皇失措过"⑤。英国一方面与法国王党势力勾结制订了暗杀拿破仑的计划⑥，另一方面先后与俄国、奥地利等国家结成第三次反法同盟。反

① 此前，在粉碎第一次反法同盟后，拿破仑曾试图通过远征埃及以出奇制胜。这其实是拿破仑精心设计的一个比大陆封锁体系更为宏大的全球战略蓝图。其一，以埃及作为桥头堡进行东扩，这样可以避开英国的海上力量，从而充分发挥法国的陆军优势，从陆上摧毁英国在印度等东南亚地区的殖民统治。其二，在东扩的过程中，可以开辟欧洲与亚洲的贸易通道，为法国经济发展创造无限美好的前景。总体的战略思路是以埃及为据点向东方发展，充分发挥陆军优势与英国争夺世界霸权。1798 年，拿破仑率军远征埃及使这一蓝图付诸实施。但英国却纠缠于大陆，不惜以巨额军费重启反法同盟。在拿破仑占领埃及，并向叙利亚和土耳其进军之时，法国本土却在与第二次反法同盟的作战中全线溃败。此时，拿破仑不得不放弃东扩的战略计划，返回了大陆。此后，拿破仑再也没有机会重启东扩战略，而是陷入与以英国为首的反法同盟的无休止战争中，直至最后被打败。有趣的是，远征埃及的设想并非拿破仑首先提出的。在路易十四统治时期，德国哲学家莱布尼茨曾建议法国远征埃及，以加强对海洋的控制权，但未被采纳。莱布尼茨对海权的强调与柯尔培尔是一致的，但路易十四却专注于陆上征服。参见马汉. 海权对历史的影响 [M]. 安常容，成忠勤，译. 北京：解放军出版社，1997：138-139. 此外，拿破仑占领埃及后，还考虑过开凿苏伊士运河，但他的技术人员经勘探后认为不可行，因而放弃了这一计划。后来他的侄子拿破仑三世重启并实现了这一计划。参见宫崎市定. 亚洲史概说 [M]. 谢辰，译. 北京：民主与建设出版社，2017：283.
② 马汉. 海权对历史的影响：1660—1783 [M]. 安常容，成忠勤，译. 北京：解放军出版社，1997：317.
③ 张芝联. 法国通史 [M]. 北京：北京大学出版社，1989：221.
④ 为了复兴法国殖民帝国，拿破仑再次燃起了远征埃及从而进军印度的希望，英国正是基于这一点宁可撕毁和约，也不让出马耳他。这是拿破仑第一次远征埃及时的一个落脚点。拿破仑有三次进军印度的打算：第一次，远征埃及时被第二次反法同盟打断；第二次，与俄国沙皇出兵印度的计划因后者被暗杀而搁浅；第三次，因英国占据马耳他岛而未能实施。
⑤ 塔尔列. 拿破仑传 [M]. 任田升，陈国雄，译. 北京：商务印书馆，1976：118.
⑥ 暗杀计划的失败成为拿破仑称帝的重要背景。

法同盟的建立使拿破仑改变了登陆计划，转战奥地利和俄国。法国击垮了这两个国家，并于1805年12月2日取得历史上著名的奥斯特里茨大捷，再一次粉碎了反法同盟[1]。

法国也遭受了巨大损失，在1805年10月21日的特拉法尔加海战中，它的海军力量再次被英国海军摧毁。从此以后，拿破仑彻底放弃了对海洋霸权的争夺，也彻底放弃了武力征服英国的企图。在马汉看来，"特拉法尔加海战标志着法国人放弃了入侵英国的想法，取而代之的是建立起一个巨大的'大陆封锁体系'"[2]。通过大陆封锁体系，拿破仑决心将英国排除在欧洲大陆的商业活动之外，以此来阻断英国的经济发展，进而达到使其屈服的目的。用拿破仑自己的话说，即"用陆上的力量征服海洋"[3]。显然，大陆封锁体系对抗海洋霸权并非是武力争斗，而是商业较量。

### 5.2.2　大陆封锁体系的建立

要建立大陆封锁体系，拿破仑必须封锁欧洲大陆的整个海岸线。除了法国本土外，拿破仑需要封锁的海岸线可以划分成三个部分，即东南部边界、北部边界和西南部边界。

（1）拿破仑对欧洲大陆东南部边界的封锁

欧洲大陆东南部边界涉及意大利半岛、瑞士和奥地利三个地区和国家。其中，奥地利是拿破仑执行封锁政策的主要障碍。在同第三次反法同盟的作战中，拿破仑取得了乌尔姆战役的决定性胜利，大败奥军，使奥地利丧失了对意大利半岛北部和亚得里亚海的控制权。随后，拿破仑控制了意大利半岛南部最重要的组成部分那不勒斯[4]，并于1806年任命他的长兄约瑟夫为那不勒斯国王。同年，瑞士被迫加入到封锁体系中。至此，拿破仑实现了对大陆东南部边界的封锁。

奥地利战败后一直拒绝加入封锁体系，直到1808年迫于法俄的共

---

① 这次（第三次）反法同盟失败后，英国首相皮特一病不起，不久就去世了。
② 马汉. 海权对历史的影响：1660—1783 [M]. 安常容，成忠勤，译. 北京：解放军出版社，1997：336.
③ 张芝联. 法国通史 [M]. 北京：北京大学出版社，1989：232.
④ 意大利半岛中部的主要组成部分属于教皇领地，该领地在《提尔西特和约》签订后被拿破仑纳入封锁体系中。

同压力才正式加入，但很快又在英国怂恿下退出，并加入第五次反法同盟。1809年7月6日，法国在瓦格拉姆战役中大败奥地利，迫使其签订《维也纳条约》，并再次加入到大陆封锁体系中。

（2）拿破仑对欧洲大陆北部边界的封锁

欧洲大陆北部边界主要涉及荷兰、德意志、普鲁士、俄国、丹麦和瑞典。荷兰在经济上对英国有较强的依赖关系，只有依靠强有力的控制才有可能切断其与英国的贸易往来。为此，拿破仑以武力为后盾于1806年6月5日任命他的弟弟路易为荷兰国王，以达到封锁的目的。然而，令拿破仑失望的是，路易并不支持大陆封锁政策。无奈之下，拿破仑于1810年废除了路易的王位，将荷兰并入法国。

为加强对德意志的控制，拿破仑策动德意志王侯们建立以他为保护人的新联邦。1806年7月12日，十六位王侯宣布脱离神圣罗马帝国，并组成莱茵联邦，并承诺向拿破仑提供六万三千名士兵[1]。拿破仑还获得了莱茵联邦各国一切外交和内政的决定权，同时对各国财政和贸易政策也具有一定的决定权，显然，这有助于实施大陆封锁政策[2]。对荷兰的控制和莱茵联邦的成立使拿破仑基本实现了对北海贸易通道的封锁。但拿破仑在德意志的势力扩张直接威胁到了普鲁士。

莱茵联邦成立之前，普鲁士曾一度成为法国的盟友，并对英国关闭了波罗的海的港口。但莱茵联邦建立后，英国趁机挑拨法国与普鲁士之间的关系，以大量的军费援助促使普鲁士与法国决裂，进而形成以普鲁士和俄国为主的第四次反法同盟。这次反法同盟很快以失败而告终。

1806年10月，拿破仑击败普鲁士，胜利进入柏林。随后，11月21日，拿破仑以英国的枢密令为由颁布《柏林敕令》。该敕令的目的是切断英国与欧洲大陆的联系从而摧毁英国的贸易。但这个法令起初没有得到有效的执行和监督，主要因为拿破仑忙于同俄国作战。1807年6月14日，拿破仑打败俄国，随后于1807年7月7日和9日，分别与俄普两国签订《提尔西特和约》，使两国加入到反英的大陆封锁体系中，对英国

---

[1] 勒费弗尔. 拿破仑时代：上卷 [M]. 河北师范大学外语系《拿破仑时代》翻译组，译. 北京：商务印书馆，1978：239.

[2] 刘军大，刘湘予. 拿破仑与大陆封锁：从拿破仑的经济政策看拿破仑帝国的覆灭 [M]. 北京：华夏出版社，2001：46-47.

关闭所有的港口。

同时，《提尔西特和约》也为拿破仑控制整个斯堪的纳维亚半岛和伊比利亚半岛奠定了基础。法俄《提尔西特和约》第五条规定："缔约双方共同向哥本哈根（丹麦首都）、斯德哥尔摩（瑞典首都）和里斯本（葡萄牙首都）三处宫廷提出要求，要求对英国人封闭各港口，从伦敦撤回使节，并对英宣战。"[1]丹麦很快于10月31日同法国结盟，并加入大陆封锁体系。瑞典直至1810年6月1日才正式加入大陆封锁体系，但此前它的几个重要港口早已经被拿破仑控制。

因此，《提尔西特和约》的签订，决定了法国对波罗的海的控制，从而也实现了欧洲大陆北部广大地区对英国的封锁。这对英国造成了实质性打击，因为英国商品不能通过波罗的海进入欧洲市场，同时英国72%的进口食物来自普鲁士和俄罗斯[2]。

（3）拿破仑对欧洲大陆西部边界的封锁

英国凭借其海军优势控制着比斯开湾，并占据大西洋与地中海的咽喉要道直布罗陀，因而伊比利亚半岛的每个沿海城市都可能成为英国商品进入欧洲市场的通道。因此，拿破仑必须完全控制葡萄牙和西班牙才能达到预期的封锁效果。西班牙与英国之间存在利益冲突，且具有深刻的历史渊源[3]，因而它早在1807年2月19日就加入了大陆封锁体系。所以，拿破仑的首要目标是征服葡萄牙。自从1703年《梅恩条约》签订以后，英国商品可以自由输入葡萄牙及其殖民地，葡萄牙在经济上逐渐发展为英国的附庸国，实际上被英国视为自己的殖民地。因此，拿破仑果断地决定吞并葡萄牙。为此，他与西班牙国王于1807年10月27日在枫丹白露秘密签订了一项条约，决定共同瓜分葡萄牙。随后，拿破仑派朱诺元帅带领大军进军葡萄牙，于1807年11月29日占领里斯本。

占领了葡萄牙以后，拿破仑又开始加强对西班牙的控制。1808年，西班牙王室出现了严重内乱，拿破仑趁机出面干涉，并轻而易举夺取了

---

① 转引自金贡男. "大陆封锁"与拿破仑进攻俄国 [J]. 河南师范大学学报：社会科学版，1984（1）：77-84.
② 勒费弗尔. 拿破仑时代：上卷 [M]. 河北师范大学外语系《拿破仑时代》翻译组，译. 北京：商务印书馆，1978：55.
③ 参见刘军大，刘湘予. 拿破仑与大陆封锁：从拿破仑的经济政策看拿破仑帝国的覆灭 [M]. 北京：华夏出版社，2001：117.

政权，任命自己的兄弟约瑟夫为西班牙国王，而将那不勒斯王位交接给缪拉元帅。令拿破仑始料未及的是，法国在西班牙的统治引发了大规模的平民起义，且起义队伍受到了英国的援助。法国军队在起义中遭遇重创，深陷西班牙游击战争的泥潭中不能自拔。拿破仑不得不亲自出征，并从德意志调离大军援助西班牙战场，直到1808年底才占领首都马德里，这已经严重拖延了拿破仑的构建大陆封锁体系的行动计划。英国则因此赢得了时间，趁机与奥地利谈判，使其脱离大陆封锁体系，进而组建第五次反法同盟。

第五次反法同盟宣告瓦解后，拿破仑可谓大功告成。他已经将所有的大陆国家纳入大陆封锁体系中，并实现了所有沿海港口对英国的关闭。普鲁士、俄国、斯堪的纳维亚半岛、荷兰和莱茵联邦都关闭了英国在北海和波罗的海海域的贸易通道。意大利半岛、伊比利亚半岛、奥地利和土耳其（在奥斯特里茨战役后成为法国友邦）都关闭了英国在大西洋和地中海海域的贸易通道。因此，拿破仑声称："英国目睹其货物遭到整个欧洲的抵制，他们的船只满载着无用的货物，从松得海峡到达达尼尔海峡，试图寻找一个可以接纳他们的港口，但是徒劳无功。"①

### 5.2.3 大陆封锁体系的政策与立法

拿破仑大陆封锁体系的政策与立法是与领土征服过程同时进行的。打败普鲁士并进驻柏林后，1806年11月21日，拿破仑以当年5月16日英国的枢密令②为由在柏林颁布敕令，宣布对英国实施大陆封锁。《柏林敕令》第二条和第七条规定："凡与不列颠的一切通商以及一切通信均禁止之……凡直接来自英国或英国殖民地的船舶，或曾经航经英国及其殖民地的船舶，一概不准进入任何口岸。"③这种全面封锁的规定改变了拿破仑此前的态度。在《柏林敕令》颁布之前，拿破仑对英国的封锁是有选择性的。例如，允许进口来自英国的工业原料和殖民地商品，但要

---

① 马汉. 海权对历史的影响：1660—1783 [M]. 安常容，成忠勤，译. 北京：解放军出版社，1997：454.
② 该枢密令将法国布雷斯特至易北河的欧洲大陆海岸线置于英国封锁之下. 马汉. 海权对历史的影响：1660—1783 [M]. 安常容，成忠勤，译. 北京：解放军出版社，1997：450.
③ 周一良，吴于廑. 世界通史资料选辑：近代部分（上册）[M]. 北京：商务印书馆，1964：178-179.

征收关税①。这表明，拿破仑试图通过切断英国与大陆的一切联系从而摧毁英国的贸易。

但《柏林敕令》颁布之初并没有对英国造成大的冲击，其对大陆的贸易额仍然持续上涨②。敕令未能得到具体落实是一方面原因，此时拿破仑主要投身于战场，无暇顾及该法令的具体执行。另一方面，英国的主要贸易对象俄国没有加入到大陆封锁体系中。《提尔西特和约》签订以后，随着俄国加入大陆封锁体系，英国贸易开始受到重创，对外出口迅速下降。更重要的是，英国的粮食和工业原料主要来自俄国，因此，俄国加入大陆封锁体系后，英国开始遭遇实质性打击③。

1807年11月11日，英国对大陆封锁实施了报复性策略，以《柏林敕令》为由颁布枢密令，宣布对法国及其同盟国的贸易实行最严峻、最苛刻的封锁。与法国的封锁政策相比，英国的枢密令具有较大的灵活性。除了一般封锁政策外，枢密令规定了例外原则和许可证制度，实际上维持了英国与欧洲大陆的贸易往来。值得关注的是，这些例外原则本质上服务于英国的制造业发展。这些原则规定："出口任何国外农产品或工业产品一般必须有许可证，但是出口产自英国的商品至敌对国却不需要这样的许可证。最后，出口棉花至欧洲大陆是完全被禁止的，目的是为了削弱国外的制造业。"④这反映了英国政治精英对"进口原材料，出口制成品"这一致富原则的掌握。相对而言，拿破仑的大陆封锁政策缺少这种服务于制造业发展的战略思维。

英国的枢密令无疑加剧了英法对抗。1807年11月23日和12月17日，拿破仑在意大利首都米兰先后颁布了两道《米兰敕令》。该敕令与枢密令针锋相对，规定任何接受英国驱逐舰检查的船只将被视为非法，并宣称所有驶往或来自英国的船只都被视为抓捕对象。由此，从法令的角度看，拿破仑对英国实施了全面的封锁。然而，这些法令总是难以得

① 刘军大，刘湘予. 拿破仑与大陆封锁：从拿破仑的经济政策看拿破仑帝国的覆灭 [M]. 北京：华夏出版社，2001：42.
② 相关数据可参见金贡男. "大陆封锁"与拿破仑进攻俄国 [J]. 河南师范大学学报：社会科学版，1984（1）：77-84.
③ 详见金贡男. "大陆封锁"与拿破仑进攻俄国 [J]. 河南师范大学学报：社会科学版，1984（1）：77-84.
④ 马汉. 海权对历史的影响：1660—1783 [M]. 安常容，成忠勤，译. 北京：解放军出版社，1997：459.

到贯彻落实。英国凭借其海上霸权和质优价廉的商品在大陆海岸线上到处设置贸易走私据点，使得英国与大陆的通商活动依然活跃。在拿破仑深陷西班牙战争和奥地利战争之际，英国还试图恢复与北海之间的贸易往来，并于1809年4月26日出台新的枢密令，将封锁范围缩小至荷兰、法国和拿破仑直接控制下意大利大部分海岸①。

1809年7月6日，拿破仑打败奥地利并粉碎第五次反法同盟后，又不得不对大陆封锁体系进行修复。除了加强对大陆国家的控制外，分别于1810年8月5日和10月18日颁布了《特里亚农敕令》和《枫丹白露敕令》。这两项敕令有效打击了走私，并进一步加强了大陆封锁体系的执行力度。正如马汉所言："拿破仑终于将他不可征服的能量用于敕令的彻底执行上来了。"②英国的许可证制度失效了，贸易开始受到致命打击，国内随之爆发了经济危机，"从英国传来了百业萧条、工商业者自杀和破产以及人民不满的消息"③。但在英国倒下之前，大陆封锁体系却先行走向解体了。

### 5.2.4　大陆封锁体系的内部危机及解体

在大陆封锁体系内部，拿破仑推行"法国高于一切"的经济政策，即体系内其他成员国被视为向法国提供服务的新省份。"'旧省份'被拿破仑有意识地和有计划地置于剥削者的地位，而'新省份'则被置于被剥削的地位。"④具体而言，在切断与英国贸易往来的基础上，"新省份"的工业原材料只能单独供应给法国工业，且成为法国的工业品市场。一言以蔽之，整个欧洲大陆都必须成为法国工业的销售市场和原材料供应地。

以法国对意大利的政策为例。其一，意大利市场排除法国以外的各

---

① 马汉. 海权对历史的影响：1660—1783 [M]. 安常容, 成忠勤, 译. 北京：解放军出版社, 1997：476.
② 马汉. 海权对历史的影响：1660—1783 [M]. 安常容, 成忠勤, 译. 北京：解放军出版社, 1997：472.
③ 塔尔列. 拿破仑传 [M]. 任田升, 陈国雄, 译. 北京：商务印书馆, 1976：207. 另外，不可忽视的是，拿破仑在颁布这项敕令的同时，也成功地将美国拉入了反英的阵营中，致使英国对美国的出口额由1810年的1 130万英镑跌至1811年的187万英镑。参见勒费弗尔尔. 拿破仑时代：下卷 [M]. 河北师范大学外语系《拿破仑时代》翻译组, 译. 北京：商务印书馆, 1978：130.
④ 塔尔列. 拿破仑传 [M]. 任田升, 陈国雄, 译. 北京：商务印书馆, 1976：213.

国商品，且对法国商品采取特惠关税政策；其二，意大利输入法国的原料（尤其是生丝）免收关税，但输入其他国家的原料则课以重税；其三，法国对输入本国的意大利商品征收高关税①。拿破仑对西班牙做出了类似的规定：其一，西班牙必须成为法国商品的垄断销售市场。其二，西班牙必须把最好的羊毛专供给法国的工厂。其三，西班牙必须种植法国纺织业所需要的棉花。除了这两个比较典型的国家外，法国对其他大陆国家的通商条约也都大同小异。

上述两个例子足以说明，拿破仑的"法国高于一切"是典型的生产型重商主义，符合"进口原材料，出口制成品"的致富经验。这显然有助于法国制造业的发展。然而，拿破仑的这种做法无疑激化了大陆体系内部的矛盾，这些矛盾一开始决定了大陆封锁体系是不稳定的，只能依靠拿破仑的军事威慑来维系。因此，体系内部的国家很容易出现背叛行为，表现最为明显的一点是对走私活动的默许。

被强制加入大陆体系的大陆国家，对走私活动基本上是默许的，因此，制止走私活动不可能指望每个国家自觉遵守，只能依靠法国的监管。然而面临着波罗的海、北海、大西洋、地中海的漫长海岸线，拿破仑根本无法实现有效监督。从当时制造业发展状况看，英国物美价廉的商品是法国以及大陆任何一个国家的商品都不能替代的。凭借这一优势和在海上的霸权，英国在北海的黑尔戈兰岛、波罗的海的哥德堡、地中海的马耳他等地设置了大量走私据点，利用大陆封锁体系的一切漏洞来开展走私活动②。其中最为活跃的是与北海联通的易北河和威悉河流域，黑尔戈兰岛储藏的英国商品可以经由这两条河借道汉堡和不来梅城市流入欧洲大陆。通过这些走私活动，英国与大陆国家的贸易往来依然很活跃，贸易额除了 1808 年有突然下降外，其他年份都没有受到严重的打击。直至 1810 年《特里亚农敕令》和《枫丹白露敕令》颁布以后，走私活动才得以有效制止。英国向北欧的出口额迅速由 1810 年的 770 万

---

① 刘军大，刘湘予. 拿破仑与大陆封锁：从拿破仑的经济政策看拿破仑帝国的覆灭[M]. 北京：华夏出版社，2001：104.
② 勒费弗尔. 拿破仑时代：下卷[M]. 河北师范大学外语系《拿破仑时代》翻译组，译. 北京：商务印书馆，1978：110.

英镑跌至 150 万英镑[①]。

但大陆封锁体系缺乏持久的生命力，多数国家的离心力不断增强。它们一有机会就会脱离封锁体系，直至第六次反法同盟的建立。正如勒费弗尔所言："1808 年初，大陆体系只缺少瑞典一个国家；但很快就分崩离析，从那时起，拿破仑的历史只是不断地努力重建大陆体系的历史。葡萄牙和西班牙首先溜走……奥地利跟着退出大陆体系，但几乎立刻再度加入。1810 年瑞典降伏了。不久，俄国却从中解脱出来……"[②]俄国从中解脱出来正是大陆封锁体系走向解体之时。

大陆封锁体系的解体主要由法俄之间的矛盾激化所致[③]。1808 年由于深陷西班牙战争泥潭，拿破仑需要从德意志调兵支援西班牙战场，导致在该地的兵力部署大大削弱，从而使奥地利有机可乘。为此，拿破仑寻求俄国沙皇亚历山大一世的支援以震慑奥地利，但被拒绝。此后，法俄之间的矛盾开始显现。1809 年，拿破仑拒绝了亚历山大一世在波兰问题上的要求。1810 年，亚历山大一世没有真正执行拿破仑颁布的《特里亚农救令》和《枫丹白露救令》。该年年底亚历山大一世已经公开背叛大陆封锁体系，向英国及其殖民地敞开了大门。由此引发了法俄战争，拿破仑兵败俄国，紧接着又败给第六次反法同盟，大陆封锁体系随之土崩瓦解。

## 5.2.5　大陆封锁体系对法国经济的影响

法国经济对殖民地有很高的依赖性，与殖民地之间的贸易在 18 世纪末已经占到法国对外贸易总额的 1/4[④]。然而，拿破仑对英国实施大陆封锁后，英国则凭借其海上霸权对法国实施了海洋封锁，且"有计划地

① 勒费弗尔. 拿破仑时代：下卷 [M]. 河北师范大学外语系《拿破仑时代》翻译组，译. 北京：商务印书馆，1978：130.
② 勒费弗尔. 拿破仑时代：下卷 [M]. 河北师范大学外语系《拿破仑时代》翻译组，译. 北京：商务印书馆，1978：201.
③ 从英国方面看，七年战争以后，它已经建立起一种全球经济体系，因而对欧洲大陆的依赖性已经明显降低。因此，仅仅封锁欧洲大陆，还不至于对英国造成致命打击，它可以凭借其海上霸权在全球其他地区开展贸易。其实，在大陆封锁体系建立之前，英国与殖民地之间贸易额已经超过了欧洲大陆。1772—1774 年间，殖民地贸易已经占到英国工业品出口的 55%。参见王章辉. 英国工业革命时期的国内外市场 [J]. 世界历史，1982（1）：29-38.
④ 刘军大，刘湘子. 拿破仑与大陆封锁：从拿破仑的经济政策看拿破仑帝国的覆灭 [M]. 北京：华夏出版社，2001：94.

重新占领法国海外殖民地及其卫星国"[①]。这对法国的海上贸易造成了致命打击，一些大型港口城市如波尔多、南特、马赛等走向衰落。以马赛为例，其拥有的远洋轮船由1807年的330艘减少至1811年的9艘，其工业产值由1789年的5 000万法郎跌至1813年的1 200万法郎[②]。

与殖民地和海外市场有密切联系的诸多制造业部门同样受到沉重打击。其一，危及那些生产原料依靠进口的行业，例如制糖业、烟草业、皮革业等。以制糖业为例，大革命之前波尔多有40家炼糖厂，至1809年只有8家。其二，也危及那些产品销售依赖出口的行业。这其中受打击最大的是亚麻产业，因为其产品主要出口加勒比或西印度和西班牙在美洲的殖民地。1810年拉瓦尔的亚麻产量已经降至1789年的一半[③]。此外，不可忽视的是，由于拿破仑所到之处总是剑指封建官僚和贵族，为后来欧洲大陆的工业化扫除了生产关系的障碍，但同时也打击了法国奢侈品的主要消费者。因此，尽管拿破仑可以独占整个大陆市场，但对于奢侈品工业却是不利的[④]。

与沿海城市不同的是，一些内陆城市在封锁体系下获得了繁荣，例如斯特拉斯堡、里昂等。斯特拉斯堡成为法国商品运至德意志、奥地利和俄国的集散地。里昂则成为联通法国与意大利的枢纽城市。这决定了法国工业并非发生于沿海港口城市，而是发生于马尔萨斯和里昂地区，前者引领了棉纺织业发展，而后者的优势突出表现在丝织业。从受益的行业看，大陆封锁体系首先成就了法国棉纺织业的工业化。棉纺织业是拿破仑最重视的行业之一。在颁布大陆封锁体系之前，他曾建议有关部门讨论棉纺织业进口替代的问题[⑤]。

英法在签订1786年商约时，英国的棉纺织业已经开始了工业化生产，而法国依然处于工场手工业阶段。因此，商约签订以后，法国的棉

---

① 肯尼迪. 大国的兴衰 [M]. 蒋葆英，等，译. 北京：中国经济出版社，1989：158-159.

② 勒费弗尔. 拿破仑时代：下卷 [M]. 河北师范大学外语系《拿破仑时代》翻译组，译. 北京：商务印书馆，1978：174.

③ CROUZET F. Wars, blockade, and economic change in Europe 1792-1815. [J]. Journal of Economic History, 1964, 24 (4)：567-588.

④ 刘军大，刘湘予. 拿破仑与大陆封锁：从拿破仑的经济政策看拿破仑帝国的覆灭 [M]. 北京：华夏出版社，2001：92.

⑤ 罗琴斯卡娅. 法国史纲：十七世纪—十九世纪 [M]. 刘立勋，译. 北京：生活·读书·新知三联书店，1962：164.

纺织业遭遇了最惨重的损失。在大陆封锁体系的保护下，法国的棉纺织业再次迅速发展起来，机械纺纱的规模，1808年比1806年翻了一倍，1810年比1808年再翻一倍[①]。这里需要指出的是，在大陆封锁之前，法国棉纺织业主要集中于诺曼底等西北部省份，但大陆封锁体系以后，棉纺织业开始向东部阿尔萨斯转移。大陆封锁体系颁布伊始，1806年阿尔萨斯只有3家棉纺织工厂采用了机器，而到了1820年时候，阿尔萨斯的棉纺织业率先实现了机器对手工的替代[②]。尤其值得注意的是，随着机械纺纱对手工纺纱的取代，法国棉纺织业整体的技术进步和机械化程度在拿破仑时代都得到迅速提高。可以说，法国棉纺织业已经处在工业革命爆发的前夜。除此之外，技术革新也广泛出现在其他行业领域中。

拿破仑时代还大力发展了丝织业，使其处于优势的竞争地位。除了纺织业外，大陆封锁体系还促进了金属冶炼和工具制造相关行业的发展，包括"冶金业、铁器制造业、刀剪业、机器制造业，以及工具、钢铁板、白铁和黄铜、缝针和别针等的制造"[③]。此外，大陆封锁体系还使法国的化学工业作为一个新的产业发展起来。制糖业就是一个典型的例子，由于传统制糖原料的禁运，法国科学家探索出了应用替代原料炼制糖的工艺和方法。同样，染料的缺乏也逼迫法国科学家研究新的染色工艺，这些都大大推动了法国化学工业的发展。

总之，在拿破仑时代的大陆封锁体系下，法国在纺织业和化学工业等领域出现了工业革命的萌芽[④]，尤其是纺织业为法国第一次工业革命奠定了基础。

此外，大陆封锁体系对其他大陆国家也产生过积极影响。葡萄牙、西班牙、瑞典等国家在加入大陆封锁体系之前就已经加入到英国控制的经济体系中，成为英国原材料产地和商品销售市场。鉴于这一点，有学者认为，大陆封锁体系是通往工业革命的唯一途径，并称之为"拿破仑

① CROUZET F. Wars, blockade, and economic change in Europe 1792-1815. [J]. Journal of Economic History, 1964, 24（4）: 567-588.
② 详见 DUNHAM A L. The development of the cotton industry in France and the Anglo-French Treaty of Commerce of 1860 [J]. The Economic History Review, 1928, 1（2）: 281-307.
③ 勒费弗尔. 拿破仑时代: 下卷 [M]. 河北师范大学外语系《拿破仑时代》翻译组，译. 北京: 商务印书馆，1978: 173.
④ 卡龙. 现代法国经济史 [M]. 吴良健，方廷珏，译. 北京: 商务印书馆，1991: 33.

式工业化（Napoleonic Industrialization）"①。当然，这一观点只能部分成立，因为拿破仑在着力发展法国制造业的同时也有意压制了其他大陆国家的制造业。

## 5.3  本章小结

本章在简要梳理了拿破仑统治时期的国内经济政策后，重点论述了大陆封锁体系。在国内经济政策方面，拿破仑进一步扫清了资本主义发展的生产关系障碍，强调发展制造业，在内部改善和国内市场的统一方面做出了重要贡献。在对外经济政策方面，拿破仑是一个十足的重商主义者，大陆封锁体系可谓柯尔培尔重商主义的一种极端表现形式。

大陆封锁体系是拿破仑放弃军事征服后所采用的一种极端的贸易制裁措施，即通过全面封锁欧洲大陆与英国的贸易关系来摧毁后者的经济。然而，大陆封锁体系未能按照拿破仑的预期运转。一方面，由于海岸线太过漫长，拿破仑无法制止英国与大陆开展走私活动。进一步而言，英国的工业实力远在欧洲大陆之上，其质优价廉的制成品本身就是一种强大的贸易武器。另一方面，大陆封锁体系尽管建立起来，但无法维持稳定，终将走向瓦解。

作为一个军事天才，拿破仑在经济方面却显得有些力不从心。从具体的经济政策看，拿破仑尽管持有强烈的保护主义倾向，但似乎缺乏成熟的重商主义经济思想作指导。英国当政者在为应对大陆封锁体系制定经济政策时表现出较好的灵活性，这在很大程度上得益于他们对重商主义经济思想的把握。拿破仑的大陆封锁体系以土崩瓦解告终，尽管如此，它依然对法国后续的经济发展和工业化进程产生了重要的影响，尤其为棉纺织业的工业革命拉开了序幕。

---

① CROUZET F. Wars, blockade, and economic change in Europe 1792-1815. [J]. Journal of Economic History, 1964, 24（4）: 567-588.

# 6 法国工业化与工业革命：1815—1870

拿破仑帝国覆灭以后，法国开始了工业革命的进程。在本章看来，波旁复辟和七月王朝时期延续了拿破仑大陆封锁体系的经济政策导向，并采取了相应的发展举措，可视为工业革命的准备和初步开展阶段。第二帝国时期是法国工业革命的全面开展阶段，使法国制造业发展状况发生了彻底改观。

## 6.1　工业革命的准备与初步开展

拿破仑帝国尽管以失败告终，但仍然巩固了法国大革命的成果，壮大了资产阶级的力量，为工业革命奠定了基础。资产阶级已经足够强大，因而波旁王朝的复辟（1815—1830 年）不可能回到旧制度。路易十八签署的宪章中承认了革命的成果，承袭了拿破仑的中央集权制度和他的资产阶级法典。他的继承者查理十世试图削弱资产阶级的影响并将法国带回到旧制度时，政权很快就被推翻了。忠于大革命的奥尔良公爵继位后，确立了大资产阶级的统治地位，使法国得以重启君主立宪制并进入七月王朝时期（1830—1848年）。从法国工业化的进展看，这两个时期可以视为第二帝国（1852—1870年）工业革命的准备阶段，同时也发生了棉纺织业的工业革命。

### 6.1.1 拿破仑时代基础之上的保护主义和内部改善

有学者倾向于认为法国在这段时期经历了"三十年的退缩"①。不难理解，无休止的战乱和拿破仑帝国的覆灭对法国造成了严重的打击，其经济难以在短时期内得到恢复和发展，更不可能取得与英国工业革命相匹敌的成就。然而，不能忽视的是，拿破仑统治时期为法国工业发展奠定了重要基础。

（1）保护主义政策

从经济政策的角度看，尽管大陆封锁体系瓦解了，但复辟时期和七月王朝时期依然延续了拿破仑时代的保护主义政策。在波旁王朝复辟时期，尽管在亲英势力的压力下，法国政府曾降低了一部分商品的高关税，但保护主义的政策取向没有发生本质的改变。或者说，该时期的对外经济政策是"以高关税或绝对禁止原则为基础的"。②以纺织业为例，1816年4月18日的法令规定："棉纱、棉毛织品和袜类以及其他所有禁止进口的外国纺织品，应在全国范围内搜索出来，予以没收。"③钢铁行业则是高关税的代表，1814年铁的关税率为50%，1822年铁的关税率提高为120%；1814年钢的关税率为45%，1820年提高至60%。④七月王朝时期，保护主义政策稍有松动，但总体而言，"政府对关税政策没有做出根本的改变"⑤。

保护主义政策对处于幼稚阶段的法国工业是必要的，否则很多工业部门将面临生存危机。需要注意的是，法国的保护主义政策不仅针对制

---

① 米盖尔. 法国史 [M]. 蔡鸿滨，译. 北京：商务印书馆，1985：323.
② 克拉潘. 1815—1914年法国和德国的经济发展 [M]. 傅梦弼，译. 北京：商务印书馆，1965：90.
③ 克拉潘. 1815—1914年法国和德国的经济发展 [M]. 傅梦弼，译. 北京：商务印书馆，1965：90.
④ 克拉潘. 1815—1914年法国和德国的经济发展 [M]. 傅梦弼，译. 北京：商务印书馆，1965：90.
⑤ 克拉潘. 1815—1914年法国和德国的经济发展 [M]. 傅梦弼，译. 北京：商务印书馆，1965：91. 七月王朝末期，受英国自由贸易主义的影响，法国曾建立自由贸易协会（Free Trade Association），试图游说法国政府减少关税，但很快被推翻了。

成品，而且也限制了棉花、羊毛和煤炭等重要工业原料和资源的进口。这对于依赖原料进口的工业部门又是不利的。例如，法国的煤炭资源严重不足，超过1/3的用量依赖于进口，但法国依然对其征收很高的进口关税。有学者甚至认为，煤的进口被毁灭性的关税压垮了[①]。由此可见，此时法国依然未真正掌握英国在一百年前就已经总结出来的"出口制成品，进口原材料"这一致富原则。

（2）内部改善：水陆交通建设

大陆封锁时期，法国失去了大部分海外贸易，因而更加注重大陆封锁体系的内部改善，尤其重视以法国为中心的水陆交通建设。如上一章所言，拿破仑为此做出了巨大贡献，曾被誉为第一流的公路和桥梁建筑家。拿破仑帝国覆灭以后，法国又失去了独占欧洲大陆市场的权力，因而更加依赖于国内市场。内部改善是发展国内市场的必要前提。

复辟时期和七月王朝时期的内部改善在拿破仑时代的基础上继续向前推进，大力投资水陆交通建设。该时期在对拿破仑时代遗留的国级公路进行修复的基础上，大力发展省级和县级公路，并对公路的维护和管理进行了有效的立法[②]。其中，七月王朝时期翻修了4.8万千米的公路干道，并开通了6万千米地方公路[③]。值得强调的是，该时期通过立法加强了社区一级的地方公路的铺设，为以后城乡的联通奠定了基础[④]。在运河开通方面，里程数由原来的1 200千米增长到4 100千米，其中复辟时期增加了900千米，七月王朝时期增加了2 000千米[⑤]。勃艮第运河、尼维尔内运河、莱茵河与罗纳河之间的运河、马恩河与莱茵河之间的运河等大型水利工程都是在该时期完成的。这些运河把巴黎地区同北部和东部正处于工业化过程中的地区连接起来，为采矿业和冶金业的发展提供了极其重要的便利条件[⑥]。

① 卡龙. 现代法国经济史 [M]. 吴良健，方延珏，译. 北京：商务印书馆，1991：88.
② 克拉潘. 1815—1914年法国和德国的经济发展 [M]. 傅梦弼，译. 北京：商务印书馆，1965：128.
③ 马赛厄斯，波斯坦. 剑桥欧洲经济史：第七卷（上册）[M]. 徐强，李军，马宏生，译. 北京：经济科学出版社，2003：321.
④ 卡龙. 现代法国经济史 [M]. 吴良健，方延珏，译. 北京：商务印书馆，1991：61.
⑤ 克拉潘. 1815—1914年法国和德国的经济发展 [M]. 傅梦弼，译. 北京：商务印书馆，1965：91.
⑥ 奇波拉. 欧洲经济史：第四卷（上册）[M]. 王铁生，等，译. 北京：商务印书馆，1989：33.

由图6-1水陆交通的固定投资的统计数据可以看出，七月王朝时期是公路、港口和运河建设的最关键时期之一。这为法国内部市场的统一奠定了基础。同时，交通工具也得到改善，英国蒸汽船于1816年开始在法国使用。

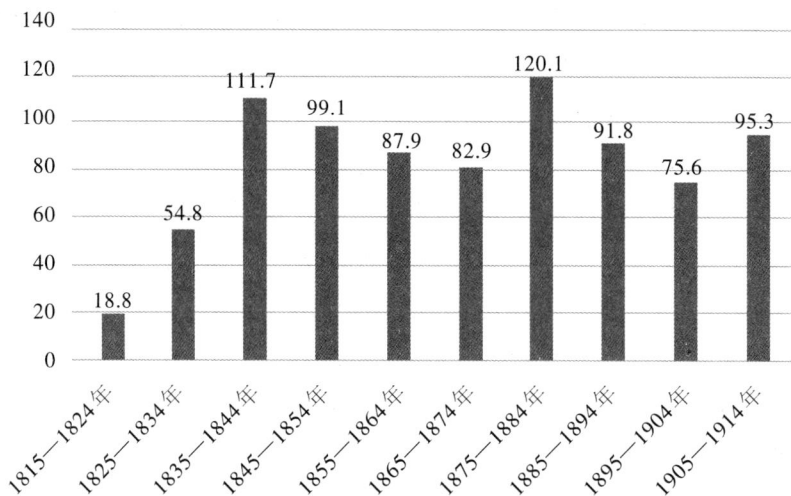

**图6-1　公路、港口和运河固定投资新支出（百万法郎）**

资料来源　马赛厄斯，波斯坦. 剑桥欧洲经济史：第七卷（上册）［M］. 徐强，李军，马宏生，译. 北京：经济科学出版社，2003：321.

### 6.1.2　承前启后的工业进展

从工业发展的状况看，复辟时期和七月王朝时期是拿破仑时代的延续，也是工业革命的准备和初步开展阶段。拿破仑统治时期，一些关键部门已经为工业革命奠定了基础，尤其棉纺织业的现代化转型早已经开始，工业革命的序幕已经被拉开。从产业布局看，大陆封锁政策使法国东北部地区得到了更好的发展，尤其是阿尔萨斯和洛林成为法国工业革命的关键地带。以棉纺织业为例，在大革命爆发之前，诺曼底是法国棉纺织业最繁荣的地区，但大陆封锁体系建立以后，棉纺织业的发展中心由诺曼底向东部的阿尔萨斯转移。

复辟时期和七月王朝延续了棉纺织业的这种发展势头。在阿尔萨斯地区的牟罗兹（莫罗兹）附近，"1815年至1850年间进行了一次真正的工业革命"①。1847年，这里已经拥有115万枚纺锭，占全国总数的1/3。"动力织布机的采用，在那里也许比欧洲任何其他地方都要快，连兰开夏也不例外。"②第二帝国时期，来自阿尔萨斯的棉纺织品完全可以同英国相抗衡。"它的纺织机器是头等的，它所纺的纱在法国是最细的，它所染的印花布可以与欧洲任何地方的印花布相媲美。"③此外，棉纺织业的繁荣也带动了纺织机械制造业的发展。在第二帝国时期，阿尔萨斯成为法国最为重要的机械制造中心。棉纺织业的发展势头延续至第二帝国时期。

法国丝织业主要集中于里昂地区，这也是拜大陆封锁体系所赐。一方面，拿破仑重视该地区的交通建设，为里昂的经济发展奠定了基础。另一方面，拿破仑按照法国利益至上的原则将意大利作为里昂丝织业的原材料供应地和产品销售市场。里昂丝织品因其独有的品质在欧美市场上独占鳌头。"丝织业使里昂成为法国第二大城市，并为法国带来巨大的经济利益，在当时法国的全部出口商品中，里昂的丝织品约占1/3。因而，里昂素有法国的曼彻斯特之称。"④但是，从技术角度看，丝织业依然处于工场手工业的水平上，没有开始真正的工业化。

与棉纺织业和丝织业比较，法国毛纺织业的分布较为分散，广泛分布于诺曼底、阿登、诺尔、巴黎等地区。其中位于法国最北部诺尔省的鲁贝凭借其产品的高品质成为法国毛纺织业的领导者。麻纺织业在技术上落后于其他纺织业，但受益于保护主义，该行业在北方省得到了复兴，并在第二帝国时期得到了快速发展。⑤

## 6.2　第二帝国与法国第一次工业革命

经过1848年的革命和动荡后，拿破仑的侄子路易·拿破仑·波拿

① 克拉潘. 1815—1914年法国和德国的经济发展 [M]. 傅梦弼，译. 北京：商务印书馆，1965：83.
② 克拉潘. 1815—1914年法国和德国的经济发展 [M]. 傅梦弼，译. 北京：商务印书馆，1965：83.
③ 克拉潘. 1815—1914年法国和德国的经济发展 [M]. 傅梦弼，译. 北京：商务印书馆，1965：279.
④ 许明龙. 十九世纪三十年代法国里昂工人起义 [J]. 世界历史，1984（2）.
⑤ 卡龙. 现代法国经济史 [M]. 吴良健，方廷钰，译. 北京：商务印书馆，1991：134.

巴在该年年底的全民选举中大获全胜，成为法国第二共和国总统。经过3年的政治党派争斗后，1851年12月2日，即奥斯特里茨战役纪念日这一天，波拿巴发动政变，组建新内阁，制定新宪法，实现了对全部立法权和行政权的集中掌控。次年11月7日，法国宣布恢复皇帝称号，随后于1852年12月封波拿巴为皇帝，即拿破仑三世。从此，法国进入第二帝国时期（1852—1870年）。该时期法国的纺织业延续了良好的发展势头，但更值得关注的是铁路引领的一系列大变革。

### 6.2.1 铁路时代引领的工业革命

（1）铁路时代的到来

复辟时期法国政府重视运河的开通，但忽视了铁路的重要性，可以说跟拿破仑一样对铁路抱有抵触心态，掌权者梯也尔甚至公开反对铁路建设。"到1830年，法国只建成了30千米的铁路，法国人以拿破仑为榜样，不相信铁路。"[①]铁路发展相对滞后的另外一个原因是，法国注重政府的整体规划，反对私人投资和地方政府自主决策。当局者认为，"私人铁路推动者和地方政府无视法国长远需要，只追求狭隘利益……只有国家才能建设和运营一个服务于国家的有效率的铁路系统"[②]。七月王朝以后，法国着手制订以巴黎为辐射中心的全国铁路计划，于1842年通过第一个正式的铁路网规划。

此后，法国越来越重视铁路建设，第二帝国时期（1852—1870年）迎来了一个大兴铁路建设的时代，该时期铁轨里程数增加了近5倍[③]，全国的铁路干线基本建成。"1870年的法国铁路图已经包含了20世纪法国铁路图中大多数的主要特点。"[④]随着铁路建设的全面铺开，铁路运输量也迅速增长，并取代陆路和水路成为最重要的运输手段。铁路运输量占比（总千米/吨百分比）由1851年的10.6%提高至1869年的53.7%和

---

① 米盖尔. 法国史 [M]. 蔡鸿滨，译. 北京：商务印书馆，1985：244.
② 道宾. 打造产业政策：铁路时代的美国、英国和法国 [M]. 张网成，张海东，译. 上海：上海人民出版社，2008：92-99.
③ 罗琴斯卡娅. 法国史纲：十七世纪—十九世纪 [M]. 刘立勋，译. 北京：生活·读书·新知三联书店，1962：304.
④ 克拉潘. 1815—1914法国和德国的经济发展 [M]. 傅梦弼，译. 北京：商务印书馆，1965：175.

1882年67%①。可见，至19世纪80年代，铁路已经承担了运输总量的2/3。由图6-2可明显看出，第二帝国时期是一个铁路投资的高峰，而复辟时期和七月王朝的绝大部分时期铁路投资有限。

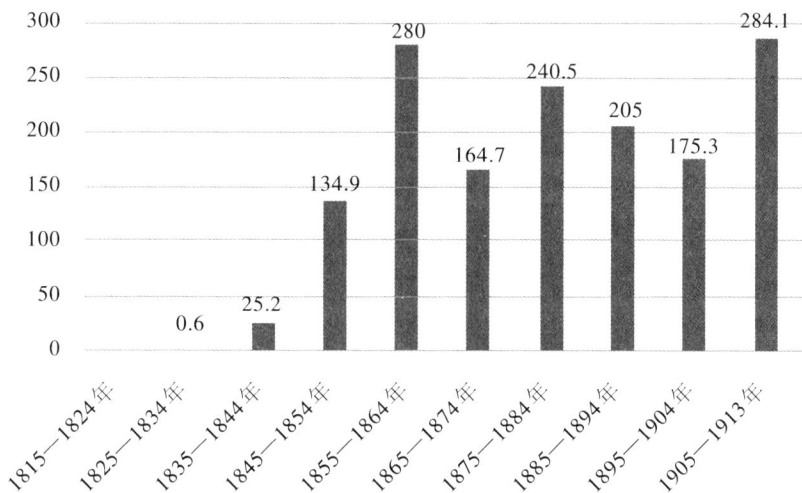

**图6-2　法国各时期的铁路新支出规模（百万法郎）**

资料来源　马赛厄斯，波斯坦．剑桥欧洲经济史：第七卷（上册）［M］．徐强，李军，马宏生，译．北京：经济科学出版社，2003：355．

（2）铁路引领的工业革命

首先，大规模的铁路建设为冶金相关产业提供了一个巨大的需求市场。诚如杜比所言："在这几十年中，铁路就是那些装备优良的工业的主要推进器：冶金、采煤、机械制造和公共工程。"②巨大的钢铁需求推动了焦炭熔炉对木炭熔炉的取代③，至1860年，焦炭熔炉的炼铁规模超过了木炭熔炉。在钢的生产方面，法国成功引进和吸收了贝塞默（H. Bessemer）法。在产业组织方面，法国工业也发生了本质的改变，"这场改变使冶金业具备了一个大型现代工业部门所具有的一切特点：金融的集中，生产的积聚，以及大批劳动力的被雇用"④。

---

① 卡龙．现代法国经济史［M］．吴良建，方廷珏，译．北京：商务印书馆，1991：29．
② 杜比．法国史［M］．吕一民，等，译．北京：商务印书馆，2010：1037．
③ 法国完成这一技术换代的最大障碍是法国本土的煤无法炼制成焦炭，因而不得不依赖进口。由于焦炭进口渠道被德国控制，法国不得不支付较高的价格，导致法国钢铁厂"要比英国或德国钢铁厂在焦炭上多支出50%~60%"。参见克拉潘．1815—1914年法国和德国的经济发展［M］．傅梦弼，译．北京：商务印书馆，1965：272．
④ 奇波拉．欧洲经济史：第四卷（上册）［M］．王铁生，等，译．北京：商务印书馆，1989：49．

随升级换代而来的是钢铁产量的飞速提高。在 1853 年之前，法国生铁年产量未曾超过 60 万吨，而在 1869 年已经达到 140 万吨[①]。法国钢产量的增加更为迅速，1850 年仅为 28.3 万吨，而 1869 年已经突破 100 万吨，超过除英国外的其他欧洲各国[②]。铁路建设也推动了机车制造业的发展。波拿巴上任初期，法国的机车不足 1 000 部，而到帝国末期增加了 4 倍[③]。与此同时，法国在桥梁隧道[④]、信号设备[⑤]和大型部件铸造等许多方面获得重要的技术改进和突破。此外，在木材加工、食品和纺织等诸多领域都出现了新机械的发明[⑥]。正如卡龙所言："铁路的开拓是遍布整个技术系统的许多发明的根源。"[⑦]法国在铁轨和铁路设备的生产方面已经具备很强的国际竞争力。

随着钢铁业的繁荣和制造业的发展，蒸汽机也开始得到更广泛的采用，1850—1870 年间，蒸汽机的数量增加了两倍多（从 7 737 台增至 24 787 台），工业中采用的蒸汽机动力由 6.7 万匹马力增长至 33.6 万匹马力[⑧]。按照福伦提供的数据，第二帝国时期，蒸汽机使用数量获得了突破性增长，从 1848 年的 0.5 万台左右增长至 1852 年的 1.6 万台[⑨]。第二帝国的铁路时代引发了一些列联动效用，推动了法国诸多重工业部门的快速发展，从而取代棉纺织业成为第一次工业革命最重要的引擎。

其二，铁路建设对于统一国内市场、促进区域化专业发展发挥了极其重要的作用。"铁路已使商品市场'全国化'甚至'国际化'。"[⑩]铁路系统实现了国内市场的互联互通，并通过连接地方和社区一级的公路体系有力地促进了城乡协调发展。城市工业为农业生产提供先进技术，农业生产则为城市提供工业原材料和农产品。在城市需求的推动下，很多

---

① 克拉潘. 1815—1914 年法国和德国的经济发展 [M]. 傅梦弼，译. 北京：商务印书馆，1965：269-270.
② 张芝联. 法国通史 [M]. 北京：北京大学出版社，1989：331.
③ 米盖尔. 法国史 [M]. 蔡鸿滨，译. 北京：商务印书馆，1985：387.
④ 例如，法国工程师在修筑隧道的过程中发明了空气压缩风镐。
⑤ 法国人发明了铁路道岔与信号的自动连锁。参见吕一民. 法兰西的兴衰 [M]. 西安：三秦出版社，2005：132.
⑥ 新机器的发明参见罗琴斯卡娅. 法国史纲：十七世纪—十九世纪 [M]. 刘立勋，译. 北京：生活·读书·新知三联书店，1962：303.
⑦ 卡龙. 现代法国经济史 [M]. 吴良健，方延珏，译. 北京：商务印书馆，1991：77.
⑧ 罗琴斯卡娅. 法国史纲：十七世纪—十九世纪 [M]. 刘立勋，译. 北京：生活·读书·新知三联书店，1962：302；张芝联. 法国通史 [M]. 北京：北京大学出版社，1989：331.
⑨ 奇波拉. 欧洲经济史：第四卷（上册）[M]. 王铁生，等，译. 北京：商务印书馆，1989：38.
⑩ 卡龙. 现代法国经济史 [M]. 吴良健，方延珏，译. 北京：商务印书馆，1991：80.

农业产区变成了专业化的经济作物种植区域，农业生产获得快速发展，农民收入随之增加，农村生活也得以改观。"由于临近车站，由于乡间大小道路四通八达，大商店可以把货物运到村庄……农民购置家具，调剂饮食，粮食吃得少了，肉类吃得多了，还饮葡萄酒。他们开始变为消费者。商人可以向他们出售城市的纺织品和工业品。"①可以说，"农业生产增长的机会事实上是由运输网的发展提供的，在同等程度上也是由当地市场的发展提供的"②。此外，城乡的协调发展也带来了商业贸易的繁荣，促使法国零售业发生了重要变革，即百货商店的产生。

当然，铁路建设也从根本上降低了运输成本，且缩短了运输时间。对普通货运而言，铁路运输的费用比公路运输节省了36%，而运输时间则节省了93%③。还有资料指出，重型产品类的运费下降了2/3左右，纺织工业原料的运费则下降了一半多④。这里有必要强调煤炭的运输。作为一种工业所必需的动力原料，法国除了开采成本高，依赖进口外⑤，就是高昂的运输成本。例如，在铁路建成之前，从萨尔（Saar）的煤矿至米卢兹（Mulhouse）运输成本每吨28法郎（其中水运6法郎，陆运22法郎），而每吨煤的价格为10法郎⑥。此外，高昂的运输成本也成为法国推广焦炭熔炉的一个重要障碍。铁路为克服这一难题发挥了极其重要的作用。这一难题的缓解对法国普及焦炭熔炉以及蒸汽机的采用都是非常重要的。

### 6.2.2 重建殖民地帝国

第二帝国时期的法国已经从第一帝国的失败中走向复苏，并重新确立了其在欧洲大陆的大国地位。此时的拿破仑三世产生了对外扩张的野心。比扩张更重要的是，随着工业革命的开展，法国需要更多的原材料和更广阔的产品销售市场。因此，拿破仑三世开始了新的殖民运动，以

① 米盖尔. 法国史 [M]. 蔡鸿滨，译. 北京：商务印书馆，1985：390.
② 卡龙. 现代法国经济史 [M]. 吴良建，方延珏，译. 北京：商务印书馆，1991：122.
③ 汪连丰. 略论1830—1870年法国的铁路建设 [J]. 史学月刊，1991（2）：89-94.
④ 奇波拉. 欧洲经济史：第四卷（上册）[M]. 王铁生，等，译. 北京：商务印书馆，1989：37.
⑤ 除了开采成本高、运输成本高外，法国产出的煤大多不能用来炼制焦炭。参见奇波拉. 欧洲经济史：第四卷（上册）[M]. 王铁生，等，译. 北京：商务印书馆，1989：41-42.
⑥ CAMERON R N. Economic growth and stagnation in France，1815-1914 [J]. The Journal of Modern History，1958，30（1）：1-13.

重建殖民地帝国。正如韦尔森所言："拿破仑三世（1852—1870年）的第二帝国带来了新的殖民动力，这种动力主要源于经济。"[①]

大革命时期和拿破仑的大陆封锁时期，殖民地对法国经济的影响是有限的。一方面，七年战争后，英国确立了其海上霸权，而法国丧失了大部分殖民地。另一方面，法国对殖民地经济不够重视。英国对殖民地政策的显著特点是，实行强制性改造，并制定严格的贸易规则，使其服务于英国制造业的发展。欧洲国家基本上采用与英国类似的殖民地政策，因而也被称为殖民公约[②]。然而，大革命时期的法国"从根本上修改了殖民公约……取消了法兰西与殖民地之间的所有关税"[③]。由于没有采取殖民公约，法国不能使其殖民地充分服务于法国工业的发展。

自波旁王朝复辟以后，法国对殖民地的政策已基本恢复到传统的殖民公约。换言之，法国已经充分认识到殖民地对于法国工业发展的意义，因此，重建殖民地帝国势在必行。这一目标在第二帝国时期得到初步实现。

（1）提升在欧洲大陆的地位

1853—1856年，法国与英国联合对俄国发动克里米亚战争，成功将俄国势力排挤出土耳其，并大大削弱了俄国在欧洲大陆的影响力，使法国加强了在地中海东部的地位。法国军队在这场战争中表现出色，"在一定程度上重新恢复了拿破仑的昔日威风"[④]。1859年，法国又联合撒丁王国打败奥地利，将奥地利的势力排挤出意大利，并获得了意大利的部分领土。拿破仑三世的这些扩张行为带有一定的殖民主义性质。克里米亚战争以后，英法劝诱土耳其实行门户开放政策，进而以强大的资本势力控制了土耳其的经济，土耳其实际上沦为了半殖民地国家[⑤]。

（2）加强对阿尔及利亚等非洲国家的殖民侵略

阿尔及利亚在七月王朝时期就已经沦为法国殖民地，并被迫依照法

---

① 韦瑟林. 欧洲殖民帝国：1815—1919 [M]. 夏岩，等，译. 北京：中国社会科学出版社，2012：90.
② 关于殖民公约参见奇波拉. 欧洲经济史：第四卷（上册）[M]. 王铁生，等，译. 北京：商务印书馆，1989：93-94.
③ 奇波拉. 欧洲经济史：第四卷（上册）[M]. 王铁生，等，译. 北京：商务印书馆，1989：103.
④ 肯尼迪. 大国的兴衰 [M]. 蒋葆英，等，译. 北京：中国经济出版社，1989：219.
⑤ 宋则行，樊亢. 世界经济史：上卷 [M]. 北京：经济科学出版社，1998：147.

国的需要开展葡萄和蔬菜等农作物的专业化种植。拿破仑三世统治时期，法国把阿尔及利亚同本国关税统一起来，并开展了铁路和公路的建设，"实际上把它变成了法国国内市场的一部分"[①]。由此，法国可以更轻易地向阿尔及利亚倾销它的工业品。

控制了阿尔及利亚以后，法国加紧了对非洲其他国家的殖民主义扩张。1854年，法国在与英国的竞争中获得了对埃及苏伊士运河的开发和经营权，该运河于1869年正式通航。此外，法国的殖民主义势力也在向突尼斯渗透。由此，以阿尔及利亚、突尼斯和苏伊士运河作为重要据点，法国增强了对地中海贸易的控制权。这促进了法国海外贸易的复苏，使法国南部一度衰落的港口贸易重新繁荣起来，马赛再次成为重要的港口城市。

在西非，英国于1816年将大陆封锁时期占领的塞内加尔归还给了法国。法国从七月王朝时期加快了对该殖民地区的开发。该区域盛产棕榈油、树胶和珍贵木材等重要原材料。以棕榈油为例，它是生产肥皂、蜡烛和机器润滑油的重要原料，因而法国极其重视在该地区的扩张。七月王朝时期，法国殖民势力已经沿着塞内加尔渗透至象牙海岸（今科特迪瓦）、加蓬和几内亚等地区。第二帝国时期，法国清除了殖民扩张的最大障碍图库勒尔王国，进而向塞内加尔内地挺进，同时占领了加蓬沿海地区，并建立了几内亚殖民地[②]。时任塞内加尔总督的菲德尔布制订了一项宏伟的计划，即将阿尔及利亚与大西洋经由撒哈拉沙漠和尼日尔河连接为一体[③]。这在第三共和国时期得到了实现。

在亚洲，自七年战争以后，英国就已经牢牢掌控了印度，而法国仅存几处商站。拿破仑三世将目标转向中国、越南和柬埔寨等其他亚洲国家。在中国，法国参与第二次鸦片战争（1856—1860年），先后迫使清政府签订《中法天津条约》和《中法北京条约》[④]，使中国成为其发展

① 宋则行，樊亢. 世界经济史：上卷［M］. 北京：经济科学出版社，1998：161.
② 王助民，李良玉，陈恩虎，等. 近现代西方殖民主义史（1415—1990）［M］. 北京：中国档案出版社，1995：142.
③ 韦瑟林. 欧洲殖民帝国：1815—1919［M］. 夏岩，等，译. 北京：中国社会科学出版社，2012：90.
④ 在此之前，1844年法国逼迫清政府签订了中法第一个不平等条约，即《黄埔条约》。该条约也称为《五口贸易章程：海关税则》，规定广州、厦门、福州、宁波和上海向法国自由开放。

殖民经济的重要目的地之一。1858年法国发动了对越南的殖民入侵，侵占越南后，又向柬埔寨扩张，于1867年使其成为法国的保护国。这为第三共和国建立印度支那殖民地奠定了基础。同时，法国开始在湄公河一带勘探，寻找通往中国的航道，为法国入侵中国西南地区做准备[1]。

在大洋洲，法国只占据了几处殖民地据点。在美洲，失去了加勒比海最富饶的岛屿后[2]，法国将目光转向拉丁美洲，但在墨西哥的殖民扩张中遭遇惨败。

## 6.3 圣西门主义与法国工业革命

### 6.3.1 打破轻商观念，放手发展工业

七月王朝对工业革命持有相对保守的态度，担心过快的发展不利于政权的稳定。"基佐尽其所能鼓励进步，他很清楚，如果发展过于迅速可能损害'社会和谐'。在社会进步这一点上，他实际上同意梯也尔的马尔萨斯主义的观点。过多的人过快地发财致富，这是不合适的……因此'工业革命'，蒸汽机和铁路的革命，必须等待再来一次改朝换代才能爆发。"[3]

显然，这里的改朝换代主要是指生产关系和上层建筑的变革。七月王朝主要掌握在金融资产阶级手中，这个阶级已经成为法国资本主义进一步发展的障碍。因此，广大工商业阶级需要从金融资产阶级手中夺取政权[4]。本章想要强调的是，这一次王朝换代也导致了一次观念的变革，即圣西门主义打破了法国传统的轻商价值观念。

法国轻商的价值观念由来已久且根深蒂固。亨利四世时的贸易大臣拉菲马就曾抱怨："如果世界上存在蔑视的话，那就是对商人的蔑

---

① 在勘察过程中，法国发现湄公河上游澜沧江不适合航行，随后转向越南北部，对红河流域进行勘探，进而将红河作为入侵中国云南的航道。
② 18世纪法国在该地区占有世界上最富饶的殖民地（法属安的列斯岛），出产了全世界一半的糖和咖啡，尤其是圣多明各，被法国誉为"加勒比海的明珠"。该岛于1804年独立，即今日的海地。
③ 米盖尔. 法国史 [M]. 蔡鸿滨，译. 北京：商务印书馆，1985：349.
④ 罗琴斯卡娅. 法国史纲：十七世纪—十九世纪 [M]. 刘立勋，译. 北京：生活·读书·新知三联书店，1962：302.

视。"①1614年的三级会议还明确规定，贵族从事商业是有失身份的。这种观念一直影响着法国社会。黎塞留执政时曾试图改变这一观念，他在1629年敕令中规定，"允许贵族经商与从中谋利，他们仍然保持贵族身份，同时规定大商人、大船主可以获得贵族资格"②，但这条敕令并未扭转法国人的轻商观念，反而强化了贵族价值观，从而促进了资产阶级的贵族化。"作为第三等级精英的资产阶级也不自觉地承认了贵族的优越地位……他们在生活方式上也尽量向贵族看齐，成为贵族就是他们最大的社会抱负。"③这与英国的资产阶级贵族化倾向形成了鲜明对比。这种价值观在法国一直持续到19世纪和七月王朝时期④。

拿破仑三世执政以后，这种价值观被打破了，一个重要的原因在于他是一个圣西门主义者。路易·波拿巴与拿破仑一样，非常勤奋好学，在长期流放国外期间，开展了广泛的阅读，并完成了很多部著作⑤。他个人形成了非常强烈的家族荣誉感和使命感，1839年发表了《拿破仑思想》一书，追忆他的伯父拿破仑并颂扬其伟大功绩。1840年谋反失败后，他被判为终身监禁。自此以后，直到1846年成功越狱的这段时间里，拿破仑三世博览群书，对圣西门主义情有独钟，并完成了《消除贫困》等学术著作。《消除贫困》主要站在人民群众的立场上，因而对他日后在总统大选中获胜可能发挥了一些积极作用。拿破仑三世支持圣西门主义的一个重要原因是，圣西门倾向于支持王权，对拿破仑的专制统治给予了正面的评价，认为国王应该与实业家联合起来共谋法国经济社会的发展大计。

因此，拿破仑三世执政后，圣西门主义也迎来了最好的发展机遇。拿破仑身边的决策者基本上都是圣西门主义的信徒。圣西门赋予工业以核心地位，认为工业是一切财富的源泉。他"是'工业主义'和'工业

① 佩尔努. 法国资产阶级：近代［M］. 康新文，等，译. 上海：上海译文出版社，1991：111.
② 郭华榕. 法国政治制度史［M］. 北京：人民出版社，2005：41.
③ 黄艳红. 法国旧制度末期的税收、特权与政治［M］. 北京：社会科学文献出版社，2016：81.
④ 佩尔努. 法国资产阶级：近代［M］. 康新文，等，译. 上海：上海译文出版社，1991：154.
⑤ 参见王家宝. 论法国第二帝国现代化的条件［J］. 世界历史，1991（1）：42-53.

主义者'最早和最热烈的鼓吹者"①。"这位思想家关于未来工业社会的学说构成了19世纪欧陆主要社会思潮中影响最深远的学派。"②圣西门主义首先深刻影响了法国，"出现了一个深受乌托邦社会主义者圣西门思想影响的金融和工业资本家阶级"③，而拿破仑三世则成了"工业资产阶级的代理人"④。毋庸置疑，圣西门主义为法国工业发展注入了一股强大的动力，法国学者佩尔努甚至认为，"圣西门主义对工业资本主义的发展起了决定性的推动作用"⑤。的确，圣西门主义使第二帝国时期的法国工业呈现出强大的发展活力，尤其是铁路。法国铁路建设的主要推动者都是圣西门主义者⑥。"铁路是圣西门主义制度的一个主要部分。"⑦另一个值得强调的方面是，第二帝国时期银行业的繁荣也主要得益于圣西门主义者的努力，为法国工业革命的融资发挥了重要作用⑧。

圣西门主义对发展工业的另外一个观点是支持国家制订经济发展计划，并由国家主导实施。以铁路建设为例，对于国家主导，还是地方政府和私人主导，尽管存在争议，但强调国家主导规划和运营的圣西门主义占据了上风。拿破仑三世的上台标志着圣西门主义的胜利，他对铁路政策开展了三项改革："他将国家的铁路线路重组为少数几个锲形区域垄断模式；他还通过一项重构特许权的方案……确保铁路最终'收归'国有；他还重新接管了近400千米废弃铁路的运营。"⑨终于，法国以中央集权的方式建成了密布全国的铁路系统。

从铁路的建设不难看出，法国延续了柯尔培尔重商主义的传统。诚

① 霍布斯鲍姆. 革命的年代：1789—1848［M］. 王章辉，等，译. 南京：江苏人民出版社，1999：323.

② 罗荣渠. 西方现代化史学思潮的来龙去脉［J］. 历史研究，1987（1）.

③ 奇波拉. 欧洲经济史：第三卷［M］. 王铁生，等，译. 北京：商务印书馆，1989：268.

④ 佩尔努. 法国资产阶级史：近代［M］. 康新文，等，译. 上海：上海译文出版社，1991：507.

⑤ 佩尔努. 法国资产阶级史：近代［M］. 康新文，等，译. 上海：上海译文出版社，1991：531.

⑥ DUNHAM A L. How the first French railways were planned［J］. The Journal of Economic History，1941，1（1）：12-25.

⑦ 佩尔努. 法国资产阶级史：近代［M］. 康新文，等，译. 上海：上海译文出版社，1991：513.

⑧ 董煊. 圣西门的实业思想与法国近代的工业化［J］. 中南民族大学学报：人文社会科学版，2004（1）：99-103.还可参见格申克龙. 经济落后的历史透视［M］. 张凤林，译. 北京：商务印书馆，2009：28；沃勒斯坦. 现代世界体系：第四卷［M］. 吴英，译. 北京：社会科学文献出版社，2013：119.不过圣西门主义者支持建立的法国国有银行受到了欧洲金融巨头罗斯柴尔德家族的破坏。参见孙戈. 欧洲金融的统治者——罗斯柴尔德家族［M］. 北京：海潮出版社，2015：89-92.

⑨ 道宾. 打造产业政策：铁路时代的美国、英国和法国［M］. 张网成，张海东，译. 上海：上海人民出版社，2008：120.

如道宾所言："柯尔培尔主义标志着发展型国家主义的顶点，但这种体系的核心原则一直延续到了19世纪。"①大革命时期的保护主义、拿破仑帝国的大陆封锁体系和第二帝国的圣西门主义，都在一定程度上继承了柯尔培尔重商主义的一些特点。这最能体现法国模式的根本特征。

此外，作为社会主义思想的先驱，圣西门强调："应当把在最短时间内用最圆满的方式改善人数最多阶级的精神和物质的状况的事业，作为自己的一切劳动和一切活动的目的。"②显然，圣西门有同情和支持无产阶级的倾向。拿破仑三世本人在流亡期间亲历了民间疾苦，一定程度上接受了圣西门"人民利益至上"的思想③。这一点帮助了拿破仑三世，不仅符合他伯父拿破仑的思想，而且迎合了法国当时的社会需要。在法国的整个工业化发展进程中，工人工资在拿破仑第一帝国时期有明显的上涨，此后的复辟时期和七月王朝时期趋于下降④，第二帝国时期又开始上涨⑤。这一点法国在欧洲是个例外，其他欧洲国家的工人工资在工业革命过程中是趋于下降的。正如库钦斯基所言："法国是欧洲唯一的在工业革命中首先改善了（工人）生活状况的国家。"⑥法国工人阶级的生活得到明显改善，这与法国工人阶级的运动有关。回顾法国大革命，工人阶级自始至终都是一股不可忽视的力量。每当执政党派完全脱离工人阶级时，它总是走向衰亡。所以，王权联合资产阶级对付封建贵族时，又不能忽视工人阶级的力量。

然而，圣西门主义的经济发展图景与大陆封锁体系一样，在强调国家主义的同时，没有充分继承和发展柯尔培尔的工业主义思想。与柯尔培尔强烈的保护主义不同的是，圣西门主义者却成为自由贸易的支持者。作为萨伊的朋友，圣西门从来未反对过有关自由放任政策的思想⑦。圣西门的追随者们接受了亚当·斯密的自由贸易主义思想。

① 道宾. 打造产业政策：铁路时代的美国、英国和法国［M］. 张网成，张海东，译. 上海：上海人民出版社，2008：85.
② 转引自黄尔瑞. 简评圣西门关于"实业制度"的理论［J］. 经济科学，1983（2）：70-75.
③ 王家宝. 论法兰西第二帝国现代化的条件［J］. 世界历史，1991（1）：42-53.
④ 相关数据可参见库钦斯基. 生产力的四次革命：理论和对比［M］. 洪佩都，赖升禄，洪善楠，译. 北京：商务印书馆，1984（82）.
⑤ 相关讨论参见阿泽马，维诺克. 法兰西第三共和国［M］. 沈炼之，郑德第，张忠其，译. 北京：商务印书馆，1994：9-10.
⑥ 库钦斯基. 生产力的四次革命：理论和对比［M］. 洪佩都，赖升禄，洪善楠，译. 北京：商务印书馆，1984：82.
⑦ 格申克龙. 经济落后的历史透视［M］. 张凤林，译. 北京：商务印书馆，2009：29.

### 6.3.2 对外经济政策的自由贸易主义

拿破仑第一帝国时期，重农学派和亚当·斯密的自由贸易主义思想都受到了排斥和压制。从七月王朝到第二帝国时期，亚当·斯密在法国的追随者开展了大量的宣传和游说工作①，得到了圣西门主义者的支持，进而对法国经济政策的制定产生了实质性的影响。

1860年英法商业协定（the Anglo-French Theaty of Commerce）也被称为《科布登-谢瓦利埃条约》或《谢瓦利埃-科布登条约》（the Cheva-lier-Cobden Treaty），被沃勒斯坦称为"英国自由贸易外交在欧洲的最大成功"②。但在邓纳姆（Dunham）看来，这次商业条约的最主要推动者是圣西门主义者谢瓦利埃，他早年也曾受到萨伊的影响。正是在他的影响和策动下，拿破仑三世和英国的决策者克服了对自由贸易所持有的犹豫不决的心态③。英法间的这一条约签署以后，"1863—1866年间，通过与法国签订条约，大多数欧洲国家加入了自由贸易网络，即所谓的科布登-谢瓦利埃条约网络"④。此后十几年间，欧洲迎来了自由贸易的鼎盛时期。

就对法国的影响而言，这一商业条约的签订尽管对法国丝绸和酒类等优势产业带来发展机遇，但对钢铁和纺织等主要工业部门造成了不利冲击⑤。贝洛赫的研究表明，这一商业条约不仅阻碍了法国经济增长，而且也没有对法国产业升级产生积极影响⑥。

从图6-3可以看出，1860年以后，法国进口产品的分布中，工业品的比重增加，而工业原料比重则降低。而在1870年以后，这种变化已

---

① SMITH M S. Free trade versus protection in the early third republic：Economic interests, tariff policy, and the making of the republican synthesis [J]. French Historical Studies，1977，10（2）：293-314.
② 沃勒斯坦. 现代世界体系：第四卷 [M]. 吴英，译. 北京：社会科学文献出版社，2013：127.
③ ASHTON T S. The Angio-French Treaty of Commerce of 1860，and the progress of the industrial revolution in France [J]. The Economic Journal，1931，41（163）：489-451.
④ 波斯坦，等. 剑桥欧洲经济史：第8卷 [M]. 王春法，等，译. 北京：经济科学出版社，2004：37.
⑤ 另外，法国在第二帝国时期发展起来部分提供铁路相关设备的高技术企业也受益于这一商业协定。参见SMITH M S. Free trade versus protection in the early third republic：Economic interests，tariff policy，and the making of the republican synthesis [J]. French Historical Studies，1977，10（2）：293-314.
⑥ BAIROCH P. Free trade and European economic development in the 19th century [J]. European Economic Review，1972，3（3）：211-245.

经非常明显，可以认为是这一商业协定与法国失去马尔萨斯等重要工业地区共同作用的结果。从出口的角度看，签约前10年工业品出口增长100%，而签约后10年仅增长了33%[①]。进一步而言，法国产业结构在发生一种转变。这种转变违背了"出口制成品，进口原材料"的李斯特经济学的致富原则。这种趋势延续到第三共和国，进口商品结构中，工业品比重从1877—1886年的13.3%提升至1907—1913年的19.3%[②]。这从商品结构的角度揭示了法国落后于英、美、德等国的原因。

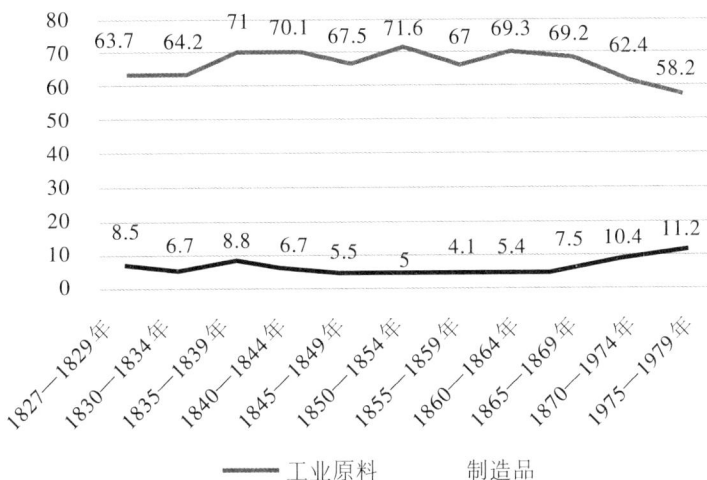

图6-3　法国进口货物分布（百分比）

数据来源　卡龙. 现代法国经济史［M］. 吴良建，方廷珏，译. 北京：商务印书馆，1991：87.

　　这次商业协定与1786年英法商约（伊甸条约）的相似之处是，法国政府试图通过国外竞争来促进国内产业的进步。但1786年商约的实践已经证明这种理由是不当的。相对幸运的是，这一商业协定只是降低了关税，其中一些重要行业依然保持了较高的关税，例如钢铁依然保持35%的保护关税。因此，这一商业协定所产生的不利影响远没有1786年商业协定那么严重。然而，不可忽视的是，1860年的商业协定标志着法国经济政策从保护主义转向自由贸易主义。此后，法国与其他国家都签订了类似的商业协定，且对殖民地的政策也发生了转变，放弃了传

---

① 楼均信. 法国第三共和国兴衰史［M］. 北京：人民出版社，1996：66.
② 楼均信. 法国第三共和国兴衰史［M］. 北京：人民出版社，1996：82.

统的殖民公约①。法国丧失了对殖民地市场的独占，导致英国廉价商品的涌入。一个典型的案例是西非塞内加尔的纺织品市场被英国占领②。整体而言，自由贸易政策不利于法国的工业化，正如格申克龙正确地指出："可是，在法国的条件下，自由放任的意识形态作为发动一个工业化过程的精神媒介却是完全不适当的。"③此外，这一贸易政策严重损害了工业资产阶级及中小资产阶级的利益，是导致法国内乱的重要因素之一④。

## 6.4　本章小结

大陆封锁体系解体以后，法国整体上依然延续了保护主义政策，并开启了法国工业革命的进程。复辟时期和七月王朝时期，法国在拿破仑统治时期的基础上开始了棉纺织业的工业革命，并进一步加强了水陆交通建设。在第二帝国统治时期，法国迎来铁路建设的黄金时代，并以此为引领进入第一次工业革命的全面开展阶段。制造业的快速发展对原材料供应和产品销售市场提出了更高的要求，进而成为法国重建殖民地帝国的重要推动力量。

从经济政策与经济思想的相互影响看，法国第二帝国时期受到了圣西门主义的重要影响。圣西门主义者支持法国的铁路建设和工业发展。但与此同时，他们也支持自由贸易主义，并成为法国经济政策由保护主义转向自由贸易主义的重要推动力量。1860 年英法商业协定（《谢瓦利埃-科布登条约》）的签署标志这一转向的开始。本章认为，这一商业协定对法国制造业的发展造成了不利影响。

---

① 波斯坦，等. 剑桥欧洲经济史：第 8 卷 [M]. 王春法，等，译. 北京：经济科学出版社，2004：104.
② NEWBURY. The protectionist revival in French colonial trade：The case of Senegal [J]. The Economic History Review，New Series，1968，21（2）：337-348.
③ 格申克龙. 经济落后的历史透视 [M]. 张凤林，译. 北京：商务印书馆，2009：29.
④ 参见周一良，吴于廑. 世界通史资料选辑：近代部分（上册）[M]. 北京：商务印书馆，1964：361-362.

# 7 第三共和国前期主要经济政策与成就：

## 1871—1914

　　法国在开展工业革命的同时，普鲁士在俾斯麦的掌舵下也得到了快速发展。在欧洲大陆的国际格局中，法国将奥地利视为主要的竞争对手，似乎没有充分意识到德国的潜在实力。而实际上，普鲁士正在发生根本的变化，其工业化进程已经走在了法国的前面。在1866年的普奥战争中，普鲁士成功将铁路、电报和新式步枪等工业化成果运用于战场上，仅用7个星期的时间就打败了奥地利，这是在法国意料之外的。梯也尔为此哀叹："奥地利的失败意味着法国400年来遭到的最大灾难，从此失去了一张阻止德国统一的王牌。"[①]打败奥地利后，俾斯麦通过巧妙的外交手段使法国吞并卢森堡的企图落空[②]，从而挑起普法之间的矛盾。随后，拿破仑三世在外交上屡遭失败，未能同其他欧洲国家建立联盟关系，致使法国孤立。

　　1868年普法在西班牙王位继承问题上的分歧成为1870年普法战争

---

　　① 转引自苏肄海. 战争的逻辑：从普鲁士崛起到两次世界大战 [M]. 北京：新华出版社，2016：43.
　　② 拿破仑本来想趁普奥战争的时机吞并卢森堡，且得到了俾斯麦的默许。

的导火索。已经病卧在床的拿破仑三世起初并不支持战争，曾主张通过召开国际会议来解决危机①。但此时法国主战派已经占有了主动权，他不得不带着病痛奔赴前线。1870年7月19日，普法战争爆发，不足两个月法国就以失败告终。1870年9月1日，拿破仑三世在色当宣布投降②。普法战争的失败也宣告了第二帝国的结束，法国从此进入第三共和国的发展时期（1870—1940年）。第三共和国在成立的前几十年时间里飘摇不定。"政治动荡不定是第三共和国的一个显著特点。到1914年的44年内共换了近50个内阁。"③我们主要探讨第一次世界大战以前法国经济政策和经济发展状况④。

## 7.1 普法战争的不利后果

普法战争的失败对法国经济造成了重大损失。按照《法兰克福和约》，法国不仅要担负50亿法郎赔款的沉重代价，还要将几乎整个阿尔萨斯和洛林的1/3割让给德国。"法国失去了160万阿尔萨斯–洛林人，丧失了煤、铁、盐、可耕土地、森林等财富，丧失了阿尔萨斯平原繁荣兴旺的棉纺织业。"⑤阿尔萨斯和洛林是法国工业化程度最高的地区，前者集中了全国棉纺织业1/3的生产能力。阿尔萨斯的工业城市牟罗兹，对法国而言如同英国的曼彻斯特⑥。在失去阿尔萨斯的同时，法国也失去了最重要的纺织业机械制造中心，导致法国纺织机械设备大部分要依赖进口⑦。失去洛林的铁矿资源则对法国冶金业造成了巨大损失。

此外，根据该条约的一项条款，德国从法国获得了最惠国待遇（most-favored-nation），这项条款后来成为法国贸易政策制定者的心头大患，因为在贸易谈判过程中，法国对任何欧洲国家做出的让步同时适用

① 陈文海. 法国史 [M]. 北京：人民出版社，2014：329.
② 此后，拿破仑三世先是被软禁在德国，后来流亡英国，一直到1873年1月去世。拿破仑三世在这最后的3年时光里重操旧业，开展了学术研究和写作。
③ 张芝联. 从高卢到戴高乐 [M]. 北京：生活·读书·新知三联书店，1988：10.
④ 基于研究的需要，本次采用国内学者楼均信的分期方法，即以1914年第一次世界大战爆发为界将法兰西第三共和国划分为两期，本章只讨论前期。参见楼均信. 法国第三共和国兴衰史 [M]. 北京：人民出版社，1996：绪论.
⑤ 米盖尔. 法国史 [M]. 蔡鸿滨，译. 北京：商务印书馆，1985：416.
⑥ 楼均信. 法国第三共和国兴衰史 [M]. 北京：人民出版社，1996：67.
⑦ 克拉潘. 1815—1914年法国和德国的经济发展 [M]. 傅梦弼，译. 北京：商务印书馆，1965：276.

于德国，使德国不用付出任何代价就能从法国获得贸易方面的好处①。1884年官方公开指出这项条款对法国造成的严重损失："德国人通过贸易规则对我们造成的伤害多于军事入侵。"②

温和共和派执政的20多年时间，法国的经济发展速度开始放缓，尤其是从1883—1896年这段时间看，法国经济几乎走向停滞③。从上一章的进口商品结构图可见（如图6-3所示），法国在经济结构方面出现的不利局面比1860年商业协定的后果更为严重，这其中的一个主要原因是法国重要的工业区域被割让给了德国。此时，法国已经被美国和德国赶超，从世界第二的位置跌落至第四。

## 7.2 法兰西第三共和国前期的主要经济政策

### 7.2.1 贸易保护主义的回归

巴黎公社④被镇压后，梯也尔于1871年8月31日当选总统。在财政上，他通过提高税收和大量发行国债很快筹足了战争赔款，从而提前结束了德军对法国领土的占领。从对外贸易政策的变化看，梯也尔在不足两年的执政时间里（1871年8月至1873年5月），已经试图废弃第二帝国的自由贸易主义政策，恢复贸易保护主义。他宣称，将努力使法国的工业"受到一定税率的保护，以便使它们不至于在外国无限度的竞争下毁灭"⑤。但事实表明，法国恢复贸易保护主义的政策取向是复杂而困难的。

---

① 楼均信，郑德第，张其忠. 一八七一——一九一八的法国［M］. 北京：商务印书馆，1989：29.

② FORD W C. The commercial policy of Europe［J］. Publications of the American Economic Association，1902，3（1）：118-157.

③ 吕一民. 法兰西的兴衰［M］. 西安：三秦出版社，2005：163.

④ 巴黎公社仅存72天，但意义重大。马克思说："公社……是真正的国民政府……它作为工人的政府，作为劳动解放的勇敢斗士，同时又具有十足国际的性质。""工人的巴黎及其公社将永远作为新社会的光辉先驱而为人所称颂。它的英烈们已永远铭记在工人阶级的心坎里。"参见马克思，恩格斯. 马克思恩格斯选集：第三卷［M］. 中共中央马克思恩格斯列宁斯大林著作编译局，编译. 北京：人民出版社，2012：106，126.

⑤ 佩尔努. 法国资产阶级史：近代［M］. 康新文，等，译. 上海：上海译文出版社，1991：547. 此外，不能忽视的是，第三共和国时期的梯也尔已经成为北部采矿和冶金利益集团的代表，因而支持贸易保护主义。参见 SMITH M S. Free trade versus protection in the early third republic：Economicinterests，tariff policy，and the making of the republican synthesis［J］. French Historical Studies，1977，10（2）：293-314.

第一，法国在提高关税时与第二帝国时期签订的一些自由贸易协定相抵触。梯也尔在位时曾试图解除法国与各国间的商业协定，但未能成功①。第二，尽管大多数工业资产阶级呼吁提高关税，但国内大型贸易商、丝织业生产商等也构成一股强大的反对力量。同时，作为亚当·斯密追随者的自由主义经济学家也表现得非常活跃，反对提高关税。第三，梯也尔下台以后，共和派与君主派之间激烈的政治斗争可能阻碍了新关税政策的制定。直至1879年，法兰西第三共和国才得以确立②。

此时，欧洲出现了恢复贸易保护主义的发展趋势，德国在1879年制定的新关税法"标志着欧洲大陆自由贸易时期的结束并逐渐恢复到保护主义"③。除德国外，俄国、奥匈帝国、西班牙、意大利等都相继废弃了自由贸易主义，转向贸易保护主义。1881年，法国通过了一项新税法，使进口工业品的关税提高了24%④。然而，这项税法并非意味着法国真正转向了贸易保护主义，因为随后法国与欧洲其他国家签订商业协定时依然持有自由贸易主义的政策导向，对英国依然持开放姿态，并给予其最惠国待遇。所以，"1860年的制度在原则上已经继承下来，并且在某些场合下还加强了"⑤。

1881年税法不仅没能有效地保护制造业，且没有顾及农业。而此时法国农产品价格因国际市场的竞争不断下跌⑥，同时葡萄种植业遭遇了严重病虫害。农业危机使农民加入到贸易保护主义的阵营中，与制造业者联合形成一股强大的政治压力。迫于这种压力，法国政府开始大范围调整农产品进口关税。以小麦进口关税为例，1885年由每吨6法郎调

---

① 克拉潘. 1815—1914年法国和德国的经济发展 [M]. 傅梦弼, 译. 北京: 商务印书馆, 1965: 297.
② 梯也尔下台以后，麦克–马洪就任法国总统（1873—1879年）。麦克–马洪属于保皇派和君主派的阵营，试图复辟君主制。为此，共和派开展了不懈的政治斗争，并在议会中获得主动权，1877年年底麦克–马洪屈服，被迫组建共和派内阁。1879年共和派格雷维当选总统，结束了动荡不安的政局，确立了法兰西第三共和国。
③ 波斯坦, 等. 剑桥欧洲经济史: 第8卷 [M]. 王春法, 等, 译. 北京: 经济科学出版社, 2004: 47.
④ STUART G H. Tariff making in France [J]. The Annals of the American Academy of Political and Social Science, 1929 (141): 98-106.
⑤ 克拉潘. 1815—1914年法国和德国的经济发展 [M]. 傅梦弼, 译. 北京: 商务印书馆, 1965: 298.
⑥ 因自由贸易政策的实施，不仅法国，整个欧洲大陆的农业都受到了美国谷物进口的严重冲击，这是导致欧洲出现大萧条的关键因素之一。

整至每吨12法郎，1887年又大幅提高至每吨50法郎①。

当然，政治方面的因素并非决定性的，更重要的是法国政府充分意识到自由贸易主义对法国经济造成了严重危害，制定一部保护主义的新税法已是大势所趋。法国政要梅林在为保护主义辩护时道出了实情和真相，他说："只是在1870年以后，尤其是我们的主要竞争者改变了他们的经济政策之日起，1860年的制度才产生了灾难性的结果……这些国家终于感到，他们同英国做生意是受骗上当……他们想，他们毕竟能够同英国一样变为工业国，而要发展工业，只须遵循英国传统榜样、用关税保护自己就行。德国开了头，奥地利和俄国立即跟着干，后来意大利也如此。"②梅林的辩护是有说服力的，且是成功的。1892年，法国通过了一项具有真正保护主义性质的新关税法，即《梅林关税法》（the Méline Tariff）。

这一新税法，使法国走向了贸易保护主义，也使法国成为欧洲关税税率最高的国家之一。以1902年的数据为例，法国对英国商品平均关税税率达34%，高于德国的25%和意大利的27%③。另外，梅林所采取的双重关税体制使法国从《法兰克福和约》中的贸易条款中解脱出来，因为最高关税（maximum tariff）适用于德国④。《梅林关税法》通过以后，法国不断增强对制造业的保护程度，于1910年通过了新税法，再次提高了制造品的进口关税⑤。从关税收入的角度看，自1870年以后，法国关税收入占进口商品价值的比重一直上升，1881年税法颁布前超过了英国。在1892年《梅林关税法》颁布后（1892—1895年），这一比重出现了大幅度的提升，甚至超过第二帝国实现自由贸易之前的阶段（1856—1860年），如图7-1所示。相对而言，英国在1870年以后倾向于自由贸易主义。

---

① 波斯坦，等. 剑桥欧洲经济史：第8卷［M］. 王春法，等，译. 北京：经济科学出版社，2004：59.
② 楼均信，郑德第，张其忠. 一八七一——九一八的法国［M］. 北京：商务印书馆，1989：30.
③ IRWIN D A. Free trade and protection in nineteenth-century Britain and France revisited: a comment on Nye［J］. The Journal of Economic History，1993，53（1）：146-152.
④ FORD W C. The commercial policy of Europe［J］. Publications of the American Economic Association，1902，3（1）：118-157.
⑤ 波斯坦，等. 剑桥欧洲经济史：第8卷［M］. 王春法，等，译. 北京：经济科学出版社，2004：69.

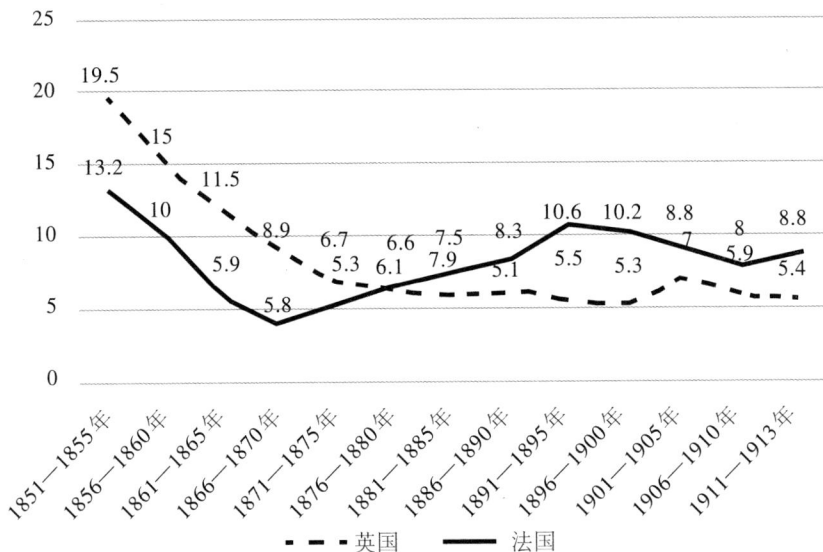

**图7-1 英法关税收入占进口商品总价值的比重（%）**

数据来源　NYE J V. The myth of free-trade Britain and Fortress France：Tariffs and trade in the nineteenth century ［J］. The Journal of Economic History，1991，51（1）：23-46.

总体而言，法国的保护主义关税政策达到了目的，谷物进口出现了急剧下降，制造品的进口增速也明显放缓[1]。这对法国制造业的意义在于形成了一个有效的保护壁垒，"在这个壁垒之后，法国工业这时期的扩展可能比以往任何时期要快些，也正是在这个时期，近代工业的种种特点才开始在法国社会中显著地表露出来"[2]。

## 7.2.2　内部改善

梯也尔执政时对因战争破坏的交通设施进行了修复和重建，并在此基础上投入大量资金和人力，进行新的水陆交通设施建设，先后铺设和开凿了许多铁路新干线和运河[3]。但真正大规模的内部改善是在共和派政党基本夺取政权以后开始的。1877年担任公共工程部部长的夏

---

① 波斯坦，等. 剑桥欧洲经济史：第八卷 ［M］. 王春法，等，译. 北京：经济科学出版社，2004：68.
② 克拉潘. 1815—1914年法国和德国的经济发展 ［M］. 傅梦弼，译. 北京：商务印书馆，1965：300.
③ 楼均信. 法国第三共和国兴衰史 ［M］. 北京：人民出版社，1996：38.

尔·德·弗雷西内（Charles de Freycinet）推动了一个庞大的内部改善计划。这一计划的主要目的是完善第二帝国时期建立起来的交通运输系统，涉及铁路、运河、公路和港口等各个方面，总预算资金达到60亿法郎①。尽管因国家财政的困难，这一计划只得到了部分实施，但依然取得了巨大成就。以铁路建设为例，1883—1913年，铁路总长由26 700千米增至40 770千米，其中，乡村铁路发展显著，由2 300千米增至10 000千米②。

弗雷西内计划的显著特点是，重视西部和西南部等边远地区的铁路建设，进一步惠及落后地区和广大农村。这些新的铁路工程需要耗费巨大的财力，且基本上都是无利可图的，因而被称为"第三网"③。批评者认为"第三网"建设投入的资本将得不到足够的回报，违背了以营利为目的的理性原则。这种观点在英美很流行，弗雷西内则反驳说："这种推理是私人推理、商业推理，或者说是商人的推理，但绝不可能是法国人的推理。在铁路这个行业里你不得不考虑投入与回报之间的直接关系……但是肯定还有一些我们无法直接观察的事情，这些事情……从国家发展的角度……具有很重要的作用。"④显然，弗雷西内是基于国家长远的发展战略来思考问题的，这继承了第二帝国时期的铁路建设思想。进一步而言，弗雷西内强调了铁路建设的次级回报，即对相关工业领域的带动作用。

事实证明，弗雷西内计划的实施促进了法国国内市场的统一和商品经济发展，尤其推动了法国钢铁工业，使之在欧洲经济大萧条的不利环境中依然获得较为健康的发展。其中，1882年"标志法国钢铁生产的高峰，主要是由弗雷西内计划提出的订货促成的"⑤，生铁的产量从1885年的170万吨增长至1895年的230万吨⑥。

---

① 楼均信. 法国第三共和国兴衰史 [M]. 北京：人民出版社，1996：76.
② 楼均信. 法国第三共和国兴衰史 [M]. 北京：人民出版社，1996：76.
③ 克拉潘. 1815—1914年法国和德国的经济发展 [M]. 傅梦弼，译. 北京：商务印书馆，1965：380.
④ 道宾. 打造产业政策：铁路时代的美国、英国和法国 [M]. 张网成，张海东，译. 上海：上海人民出版社，2008：124.
⑤ 卡龙. 现代法国经济史 [M]. 吴良健，方廷珏，译. 北京：商务印书馆，1991：144.
⑥ 米盖尔. 法国史 [M]. 蔡鸿滨，译. 北京：商务印书馆，1985：432.

## 7.3　建立殖民帝国并发展殖民主义经济

普法战争失败后，法国国内曾出现反殖民主义的情绪。法国民众最关心的问题是对德复仇并收复阿尔萨斯和洛林，不希望殖民运动分散法国注意力。萨伊等一些有名望的经济学家也反对殖民扩张，认为"殖民化是一项不合算的活动，现在和将来都是一项负担"①。费里担任内阁总理以后②，改变了这一认识。

费里争辩说："对于那些由于本国工业的特点和像我国一样，致力于大量出口的国家来说，殖民地问题，也同样是个销售市场问题……建立一个殖民地，就是开辟一个销售市场。"③这是费里所重复强调的一点。不难理解，在当时欧洲大陆普遍恢复贸易保护主义的大背景下，殖民地作为销售市场自然会更加重要。费里还指出："农业殖民地化的目的之一，是为法国工业提供必需的原材料……在殖民地建立工业虽然应予鼓励，但也只是在殖民地工业不损害宗主国工业的限度之内。宗主国工业必须得到殖民地工业的补充，而不是被殖民地工业挤垮。"④从费里的表述中可以明显看出，法国殖民主义的主要目的是服务于法国工业的发展，使殖民地成为法国工业的产品销售市场和原材料产地。

显然，费里的这一认识与第二帝国时期开展殖民扩张时的指导思想保持了很大程度的一致性，但在殖民地的贸易政策上，费里抛弃了自由贸易主义，恢复了已被废弃二十多年的殖民公约。在费里的推动下，法

---

① 转引自杨洪庆. 略论19世纪晚期法国对非洲殖民扩张的动因 [C] //中国法国史研究会. 法国史论文集. 上海：学林出版社，2000：250-268.

② 费里曾于1879年出任教育部长，开展了大刀阔斧的反教权教育改革。1880年费里出任总理并组建第一届内阁，次年11月解散。1883年2月，费里再次出任总理并第二次组阁。这届内阁被认为是第三共和国最有作为的政府。在这届内阁中，费里兼任外交部长，开始将中心转移至殖民扩张。在1885年中法战争中，因法军失败，费里被迫下台。自1879年共和派掌权后到1885年6年多时间里，费里的影响是举足轻重的。"不少历史学家称这一时代为'费里的时代'，称这一时代的改革为'费里的改革'。"参见楼均信. 法国第三共和国兴衰史 [M]. 北京：人民出版社，1996：118-119.

费里下台以后，他的殖民主义政策开始得到越来越多的支持。从19世纪90年代开始，法国政府全力支持殖民事业，各个党派也纷纷鼓吹殖民主义。参见杨洪庆. 略论19世纪晚期法国对非洲殖民扩张的动因 [C] //中国法国史研究会. 法国史论文集. 上海：学林出版社，2000：250-268.

③ 楼均信，郑德第，张其忠. 一八七一——九一八的法国 [M]. 北京：商务印书馆，1989：32.

④ 楼均信，郑德第，张其忠. 一八七一——九一八的法国 [M]. 北京：商务印书馆，1989：34.

国沿着第二帝国时期的足迹重启了殖民主义运动，建立起一个庞大的殖民帝国。法国这次殖民主义运动的主要目标是非洲和亚洲。

在北非，法国继续加强对突尼斯的入侵，并于1883年逼迫其成为法国保护国。同时，法国也将触角伸向摩洛哥，并逐渐实现了对该国的控制①。除了觊觎它们丰富的矿产资源外，法国也试图将这两个国家与阿尔及利亚连为一体，以加强法国在地中海的战略优势。在西非，法国继续沿塞内加尔向内地渗透，使其在西非的广阔殖民地自然地连成一体，并合并为法属西非联邦②。至此，法国已经实现了第二帝国时期菲德尔布的宏伟计划，并进一步扩展了。在法属西非和北非殖民地，法国除了掠夺其自然资源外，还在自由贸易的幌子下，强制推行单一作物种植，同时以高价格进口法国粮食和工业品。在东非，法国从英国和意大利的缝隙中抢占了索马里的一块土地。法国还加强了对马达加斯加岛的侵略，直至1896年将其吞并。

在亚洲，法国加强了对越南及其周边的入侵。1887年，法国将越南、柬埔寨和老挝划并为印度支那联邦。印度支那不仅有煤、锌、铅、橡胶、大米和桑树等矿产资源和农业资源，而且在亚洲南部具有非常重要的战略意义③。与此同时，法国也加强了对中国的渗透。

如上一章所述，在入侵越南时，法国也在觊觎中国，并开始对湄公河流域进行勘探，发现上游不适合航行后，将目光转向了越南北部的红河流域，企图经红河入侵中国西南地区。为了实现这一野心，法国加紧了对越南北部地区的入侵，并因此引发了中法战争。1885年，中法战争中，中国尽管打败了法国，但签订的《中法新约》实际上满足了法国的侵略目的。清政府承认法国对越南的"保护权"，并向法国开放云南、

---

① 法国在占领摩洛哥的过程中与德国发生了摩擦。为了阻止法国对摩洛哥的侵占，1905年德国建议召开国际会议以解决摩洛哥问题，引发了第一次摩洛哥危机。法国做出让步，同意召开国际会议。在会议上，由于受到英、俄、美等国家的支持，法国实际上获得了对摩洛哥的控制权。1911年，摩洛哥爆发反帝起义，法国出兵镇压，德国则派出军舰支持摩洛哥，引发了第二次摩洛哥危机。英国偏袒法国，逼迫德国与法国谈判。谈判结果是，德国承认摩洛哥为法国的保护国，法国则割让法属刚果的一部分作为补偿。

② 19世纪末，法国将塞内加尔、法属苏丹（今马里）、法属几内亚、象牙海岸（今科特迪瓦）、达荷美（今贝宁）、尼日尔、上沃尔特（今布基纳法索）、毛里塔尼亚连为一体，建立法属西非联邦。此外，1910年法国将乍得、乌班吉沙里（今中非）、中央刚果（今刚果）和加蓬划归为法属赤道非洲。参见楼均信. 法国第三共和国兴衰史［M］. 北京：人民出版社，1996：199-200.

③ 柳勃林斯卡娅，普里茨克尔，库兹明. 法国史纲［M］. 北京编译社，译. 北京：生活·读书·新知三联书店，1978：606.

广西等地区，法国为开展进一步的殖民侵略做好了准备。

甲午中日战争以后，在西方列强加强对中国的瓜分之际[①]，法国将云南、广西和广东纳入自己的势力范围。1895年，法国派出一支商业考察队伍，从越南河内（当时称为东京）出发，途经云南和四川，进行了长达两年的考察[②]。经考察，法国对云南丰富的矿产资源最为垂涎，随之开始规划一项重大的工程，即修筑滇越铁路[③]。该工程于1901年正式动工，1910年正式通车，全长849千米，曾被誉为与苏伊士运河、巴拿马运河相媲美的世界第三大工程。这条铁路大大便利了法国对中国南部经济的掠夺和控制[④]。

至第一次世界大战爆发之前，法国已经成为仅次于英国的第二大殖民大帝国。殖民地对法国工业发展的意义符合费里的观念。一方面，殖民地为法国提供了工业品的销售市场。以棉纺织业为例，法国的棉纺织品出口总额中，有一半以上输往殖民地市场[⑤]。不难理解，法国棉纺织业在国际市场上难以应对英国的竞争，因而不得不依赖殖民地市场。殖民地不仅是轻工业品的销售市场，也有助于重工业品的输出。在殖民地开展的大规模铁路建设有力地推动了法国钢铁、机械等相关行业的发展。另一方面，殖民地的矿藏为法国提供了丰富而廉价的矿产资源[⑥]，其专业化种植的经济作物种植园则为法国提供了廉价的工业原料[⑦]。

从贸易的增长来看，1882年法国与殖民地的贸易额占法国总贸易额的5.7%，1913年增长至10.2%[⑧]。从绝对数量看，殖民地贸易额增长了近一倍，反映了其重要性，但相对而言，殖民地贸易的份额并不高，

---

① 即德国强占胶州湾在各帝国主义国家间引发的连锁反应。可参见唐德刚. 从晚清到民国 [M]. 北京：中国文史出版社，2015：219.

② 迪迪耶，孟华. 交互的镜像：中国与法兰西 [M]. 上海：上海远东出版社，2015：112.

③ 关于滇越铁路的相关细节可参见丁世福. 滇越铁路的修建及其通车后的影响 [J]. 云南社会科学，1982（3）：73-80.

④ 中国境内的滇段自红河至昆明，全长465千米，是中国南方的第一条铁路。这条铁路也是由二三十万中国劳工的血和汗铺就起来的，它便利了法国对云南地区商品贸易的控制和对矿产资源的掠夺。

⑤ 克拉潘. 1815—1914年法国和德国的经济发展 [M]. 傅梦弼，译. 北京：商务印书馆，1965：283.

⑥ 例如，突尼斯有铅、锌、铁、锰和磷酸盐等丰富矿藏。中国云南则为法国提供了极其重要的锡矿。

⑦ 例如，在西非分别种植可可、棕榈、咖啡、花生、烟草、棉花等，在北非种植葡萄、橄榄和蔬菜等。参见王助民，李良玉，陈恩虎，等. 近现代西方殖民主义史（1415—1990）[M]. 北京：中国档案出版社，1995：177-178.

⑧ 杨洪庆. 略论19世纪晚期法国对非洲殖民扩张的动因 [C] //中国法国史研究会. 法国史论文集. 上海：学林出版社，2000：250-268.

这似乎表明殖民地对法国经济的贡献不够显著。一个重要的原因是，法
国的殖民地往往是相对贫瘠的。例如，在亚洲，尽管法国占领了印度支
那，并从中获益丰厚，但根本无法与英属印度殖民地相提并论。在非
洲，法国的殖民地面积达 1 090 万平方千米，接近英国的（550 万平方
千米）2 倍。但就殖民地的富饶程度而言，法国却输给了英国。例如，
在西非，法国占领的殖民地面积比英国大 4 倍，但最富饶的黄金海岸
（今加纳）却被英国占据。

## 7.4 经济复苏与不凡的工业成就

### 7.4.1 巩固和发展第一次工业革命的成果

法兰西第三共和国成立后的前 25 年时间里，法国工业经济的状况是
欠佳的。以 1882 年邦图天主教银行（也称总联合银行）的倒闭为标志，
法国迎来了一场严重的经济危机，此后十几年间的经济增长趋于停滞。法
国工业产值在世界工业中的份额不仅远远落后于英、德、美，且不断下
降，从 1860 年的 16% 一直下降至 1896—1900 年的 7%。从 1896 开始，法
国工业恢复了生机，其在世界工业中的份额趋于稳定，也缩小了与英国和
德国的差距。可以说，1896 年至第一次世界大战以前，法国步入经济发展
的"美好时代"。主要工业国在世界工业生产中的比重如图 7-2 所示。

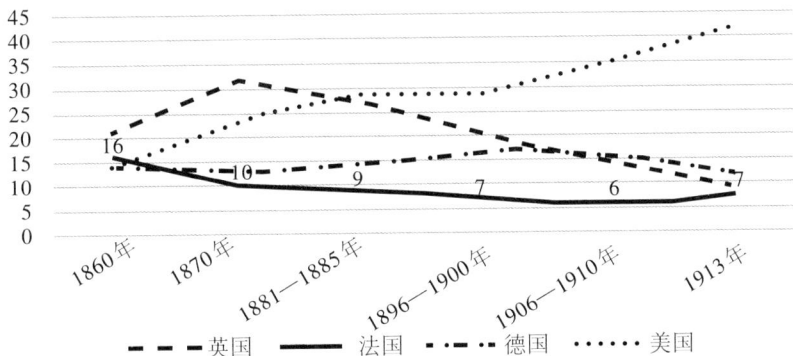

图 7-2　主要工业国在世界工业生产中的比重（%）

资料来源　楼均信. 法国第三共和国兴衰史 [M]. 北京：人民出版社，1996：38.

第一次工业革命的成果得到巩固和发展。从 19 世纪末开始，钢铁工业及相关部门出现了迅猛的发展。这主要受益于三个方面的因素：其一，殖民地的铁路、港口等基础设施建设和矿山的开发；其二，保护主义政策的实施；其三，弗雷西内计划的持续推进。这几个因素培育了巨大的钢铁需求市场，从而带动了冶金工业的快速发展。1900—1913 年，法国的铁矿开采量增加了 4 倍，钢产量增加了 3 倍[①]。煤的产量尽管无法与英国和德国同日而语，但也从 1895 年的 2 800 万吨增至 1910 年的 4 000 万吨[②]。

如图 7-3 所示，法国在步入"美好时代"之际，机械工程、化工与冶金、交通三个重工业领域发生了最为明显的转折。这三个行业成为法国工业复苏的决定性因素，且三者都是息息相关的，都受益于上述重要的国家经济政策。当然，也可以看出，轻工业也保持了良好的发展势头。就纺织业而言，法国的丝织品依然首屈一指，棉织品居第二的位置，仅次于美国[③]。从 1900—1910 年的增长率来看，法国的几个重要的工业部门都不逊于德国，可以说，法国在 20 世纪初表现出明显的追赶态势（见表 7-1）。然而，从绝对数量看，法国仍然远远落后于美国、德国和英国。

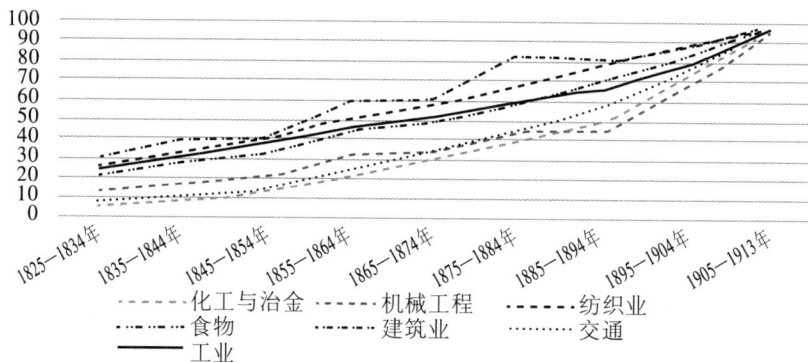

图 7-3　各行业年平均产出指数（以 1908—1912 年等于 100 为基期）

资料来源　马赛厄斯，波斯坦. 剑桥欧洲经济史：第七卷（上册）[M]. 徐强，李军，马宏生，译. 北京：经济科学出版社，2003：321.

---

① 楼均信. 法国第三共和国兴衰史 [M]. 北京：人民出版社，1996：437.
② 米盖尔. 法国史 [M]. 蔡鸿滨，译. 北京：商务印书馆，1985：458.
③ 楼均信. 法国第三共和国兴衰史 [M]. 北京：人民出版社，1996：438.

表 7-1          1900—1910年主要工业生产增长率（%）

| 国家 | 皮棉消耗 | 生铁 | 钢 | 煤的消耗 | 工业动力 |
|------|---------|------|-----|---------|---------|
| 法国 | 33 | 54 | 130 | 24 | 60 |
| 德国 | 17 | 54 | 100 | 20 | 62 |
| 英国 | 6 | -4 | 20 | 0 | — |

资料来源　楼均信. 法国第三共和国兴衰史［M］. 北京：人民出版社，1996：68.

### 7.4.2　迎接第二次工业革命的浪潮

　　19世纪80—90年代，随着廉价优质钢的大规模生产和广泛应用，西方工业国家从"铁的时代"迈进"钢的时代"[1]。机械工程、化工与冶金、交通三个工业领域都与钢的生产与应用息息相关。如图7-3所示，这三个部门都在19世纪90年代出现了转折性增长，这在一定程度上说明，法国积极迎接了"钢的时代"的到来，尽管钢的产量远远落后于美国、德国和英国。

　　在工业动力方面，法国于1890—1900年出现了一次飞跃性的发展（见表7-2），前后的差距可以借用克拉潘的话来说明，即"在1890年，法国工业所使用的全部动力，仅能发动1920年的几对主力舰"[2]。工业动力的这一重大进步主要得益于电力的使用。

表 7-2                    法国的工业动力

| 年份 | 1852 | 1862 | 1872 | 1882 | 1892 | 1902 | 1912 |
|------|------|------|------|------|------|------|------|
| 马力总数（万匹） | 76 000 | 205 000 | 338 000 | 612 000 | 966 000 | 2 000 000 | 3 235 000 |

数据来源　克拉潘. 1815—1914年法国和德国的经济发展［M］. 傅梦弼，译. 北京：商务印书馆，1965：294.

　　电力是第二次工业革命的基本标志，电气化带来的创新浪潮"影响了几乎所有制造部门的工厂设计与规划，这些工厂用新的机器和动力工

---

　　① 弗里曼，卢桑. 光阴似箭：从工业革命到信息革命［M］. 沈宏亮，主译. 北京：中国人民大学出版社，2007：243.
　　② 克拉潘. 1815—1914年法国和德国的经济发展［M］. 傅梦弼，译. 北京：商务印书馆，1965：273.

具代替了原有的蒸汽动力机器"①。与蒸汽动力比较，电力的优势是突破了空间的限制。当然，电力发挥这一优势必须建立在远距离输电技术获得突破的基础上。法国正是在这一方面实现了突破，其贡献要归功于法国电气工程师德普勒。恩格斯在致伯恩施坦的一封信中对此做出了很高的评价："德普勒的最新发现在于，能够把高压电流……输送到迄今连做梦也想不到的远处……这一发现使工业彻底摆脱几乎所有的地方条件的限制，并且使极遥远的水力的利用成为可能……"②

因此，输电网的建立使动力的供应摆脱了地理空间的限制，进而使生产力获得了一次极大的解放。法国工业毫不犹豫地拥抱了这一场电力化革命。电力很快在各个工业部门中得到广泛应用，同时，城市照明和生活用电也得到普及，服务于工业和城市的发电量从 1900 年的 3.4 亿千瓦/小时迅速增长至 1913 年的 18 亿千瓦/小时③。电力普及必然带动发电站和电网等大规模基础设施的建设，进而也促进了发电和输电网络相关行业的发展。

电力不仅提供了工业发展的动力，也使工艺流程发生了革命性的变化，尤其是冶金和化学工业。在冶金领域，法国率先在铝的炼制方面实现了突破。法国科学家埃鲁和美国科学家霍尔几乎同时发明了电解制铝法，实现了技术瓶颈的关键性突破④，为铝的工业生产发展铺平了道路。这一关键技术使法国丰富的铝土矿藏得以开发，使法国成为仅次于美国的第二大产铝大国。1896—1913 年，法国铝业发展极为迅速，铝产量年平均增长 19.3%⑤。在化学工业领域，法国在科学研究方面处于先驱者的地位，但因地理和资源等诸多条件的限制，法国的化学工业远远落在德国和英国后面。尽管如此，法国在合成染料、化学纤维等领域也实现重要的突破⑥。

与钢、电力和化工领域比较，汽车工业是第二次工业革命更为重要

① 弗里曼，卢桑. 光阴似箭：从工业革命到信息革命 [M]. 沈宏亮，主译. 北京：中国人民大学出版社，2007：234.
② 马克思，恩格斯. 马克思恩格斯选集：第四卷 [M]. 中共中央马克思恩格斯列宁斯大林著作编译局，编译. 北京：人民出版社，2012：556.
③ 卡龙. 现代法国经济史 [M]. 吴良建，方廷珏，译. 北京：商务印书馆，1991：152.
④ 在电解制铝法被发明之前，铝的提炼是通过钠还原氯化铝来实现的，但钠是一种非常昂贵的金属.
⑤ 张芝联. 法国通史 [M]. 北京：北京大学出版社，1989：437.
⑥ 楼均信. 法国第三共和国兴衰史 [M]. 北京：人民出版社，1996：319.

的新兴产业。法国在这方面表现得非常出色，不仅在发动机的技术创新①和汽车设计等②方面有突出的贡献，而且也成为世界上汽车产业最发达的国家之一。第一次世界大战爆发前的10年时间里，法国汽车产量年平均增长率高达28.3%，1913年的产量为4.5万辆，仅次于美国。尽管产量跟美国有一定差距，但法国在汽车设计创新方面始终保持领先的地位③。此外，在航空航天方面，法国也表现很出色，可谓发挥了先驱者的作用，1906年法国飞机完成欧洲第一次飞行，1910年法国设计的单翼水上飞机试飞成功，1912年成为世界上首个建设航空兵种的国家④。这些先驱性成就使法国成为航空事业最发达的国家之一。

上述各个方面都表明，法国不仅搭上了第二次工业革命的快速列车，而且在一些领域走在了世界的最前头。毋庸置疑，法国依然处于世界最发达国家的行列中，尽管落后于美国、德国和英国等。19世纪末20世纪初法国各个方面的进步和发展为第一次世界大战后的高速增长奠定了基础。英、法等国取得战争的胜利首先取决于已经建立的工业基础。战争需求大大推进了机械设备和化学工业的发展，工业革命的成果很快被投入到残酷的战争中，机枪、坦克、化学毒气、飞机、潜艇等都成为第一次世界大战的重要武器装备。在对整个战争局势有决定性意义的马恩河战役中，法军得益于飞机侦查而战胜了德军⑤。

第一次世界大战后，法国经济尽管遭受到很大的破坏，但收复了阿尔萨斯和洛林，获得了巨额赔款，且扩大了殖民地势力。这些有利因素与已有工业基础很快带来了法国的经济恢复和高速增长，尤其是1924—1929年间，工业年均增长率高达5%，远远超出"美好时代"（1898—1913年的年均增长率为3.4%）。与第一次世界大战前比较，法国工业获得了飞跃性发展。汽车产量从1913年的4.5万辆增长至1929年的25.4万辆，发电规模从1913年的20亿度增长至1930年的167亿度，铁矿和

---

① 1862年，第一个四冲程发动机专利由法国工程师罗克斯获得。参见弗里曼，卢桑. 光阴似箭：从工业革命到信息革命 [M]. 沈宏亮，主译. 北京：中国人民大学出版社，2007：282.
② 19世纪90年代，雷诺自行设计并制造出世界上第一辆安装有驾驶室的汽车。参见楼均信. 法国第三共和国兴衰史 [M]. 北京：人民出版社，1996：312.
③ 卡龙. 现代法国经济史 [M]. 吴良健，方廷珏，译. 北京：商务印书馆，1991：152.
④ 楼均信. 法国第三共和国兴衰史 [M]. 北京：人民出版社，1996：312.
⑤ 苏肆海. 战争的逻辑：从普鲁士崛起到两次世界大战 [M]. 北京：新华出版社，2016：187.

铝矿的开采量分别从1913年的2 200万吨和20万吨增长至1930年的5 500万吨和60万吨，钢铁、橡胶和燃料等冶金业和化工产业都获得了成倍的增长①。

## 7.5  本章小结

普法战争失败以后，法国在各种因素的影响下又曲折地回归到贸易保护主义的政策导向。1892年《梅林关税法》通过以后，法国真正实施了强有力的关税保护措施，并成为欧洲关税税率最高的国家之一。这显然有助于法国制造业的发展。与此同时，第三共和国前期的法国进一步加强了内部改善，并继续开展第二帝国时期的殖民主义扩张政策，建立起了庞大的殖民地帝国。

保护主义和殖民地主义经济政策的实施强有力地推动了法国制造业的发展，尤其是机械工程、化工与冶金、交通等工业领域。从19世纪末开始，法国成功实现了第一次工业革命，并进入了经济发展的"美好时代"。在此基础上，法国也顺利搭上了第二次工业革命的快车。

---

① 戴成钧. 试论本世纪20年代法国工业的起飞［C］//楼均信. 法兰西第一至第五共和国论文集. 北京：东方出版社，1994：237-248.

# 8  从英国经验看法国

从前述章节中可见，自百年战争爆发以后，英法之间就恩怨不断。从柯尔培尔重商主义时代起，经历战乱的18世纪，直至大革命爆发以后拿破仑帝国的建立，英国可谓法国对外经济政策的最主要目标。本章将基于一个更为长远的历史视角对英国经济政策史进行概要分析，进而结合前述相关章节开展一个英法比较的讨论。

## 8.1  英国的重商主义经验

英国的重商主义实践远早于法国，在百年战争时期就已经出现了重商主义的萌芽。都铎王朝时期，英国对毛纺织业的重商主义实践取得了初步的成功，并将这一成功经验推广至其他制造业领域，为英国工业发展提供了经验基础和理论上的准备。

### 8.1.1  中世纪晚期英国毛纺织业的相关经济政策及其影响

英国民族国家的形成要早于法国，可以追溯到诺曼底征服，或者说，在 11 世纪，"一个组织完备的、统一的王国已经建立起来"[①]。或许更重要的是，英国经济结构的突出特点是羊毛贸易及毛纺织品贸易特别发达，正是在此类行业的发展过程中产生了"一些类似'国家'经济政策的东西"[②]。贸易的繁荣导致了货币短缺，促成早期重商主义，即重金主义[③]。同时，贸易所带来的巨额财富也直接影响了国家的财政政策。

爱德华一世统治时期（1272—1307 年），英国对外战争的规模不断升级，继而带来严重的财政压力。为此，爱德华一世频繁地征收"非常税"，同时将触角伸向了贸易领域，即当时最为繁荣的羊毛贸易[④]。1275年，爱德华一世开始对羊毛出口征收关税，并于 1294—1297 年间进行了大幅度的提高。为了有效实施这一税收政策，他还将大部分羊毛贸易转移至特定港口进行集中控制[⑤]。显然，爱德华一世的这一关税政策只是出于财政的需要。但在客观上，针对羊毛的关税政策降低了英国毛纺织业的相对成本。

此时的英国毛纺织业远远落后于弗兰德尔。弗兰德尔是西欧工商业最发达的地区，其毛纺织工业所需要的羊毛主要从英国进口。英国与弗兰德尔的经济关系可以描述为"出口羊毛等原材料，进口布匹等制成品"的国际分工格局。14 世纪 30 年代以后，弗兰德尔主要受法国腓力六世（1328—1350 年）的统治，同时与英国保持着密切的贸易往来，因而很容易成为英法利益冲突的焦点。

作为法国的附庸，弗兰德尔伯爵实施了不利于英国的政策。1336年，他下令禁止英国人在弗兰德尔从事商业活动。爱德华三世对此开展了报复性行动，下令禁止对弗兰德尔的羊毛输出和对其纺织品的进口，并保护弗兰德尔移民英国的手工业者，发展英国的纺织业。值得一提的是，爱德华三世非常重视外来技术工人，不但专门颁布法令保护这些工

---

① 波斯坦，里奇，米勒. 剑桥欧洲经济史：第三卷 [M]. 周荣国，张金秀，译. 北京：经济科学出版社，2002：252.
② 波斯坦，里奇，米勒. 剑桥欧洲经济史：第三卷 [M]. 周荣国，张金秀，译. 北京：经济科学出版社，2002：246.
③ 贸易的繁荣增加了对贵金属货币的需求，致使欧洲长期面临货币短缺的危机。在这种背景下，英国加强了对货币的国家干预，产生了早期的重商主义，即重金主义。参见赵绩竹. 英国中世纪晚期保护主义货币政策及影响 [J]. 北方论丛，2012（4）：98-102.
④ 波斯坦，里奇，米勒. 剑桥欧洲经济史：第三卷 [M]. 周荣国，张金秀，译. 北京：经济科学出版社，2002：258.
⑤ 波斯坦，里奇，米勒. 剑桥欧洲经济史：第三卷 [M]. 周荣国，张金秀，译. 北京：经济科学出版社，2002：267.

人，而且给予他们"最慷慨的优惠"和"最公平的待遇"①。由此可见，英法冲突一定程度上推动了英国纺织业的发展。

百年战争（1337—1453 年）爆发以后，爱德华三世通过建立商品中心体系进一步加强了对羊毛贸易的集中控制②。这一体系尽管是出于外交和税收的需要，但客观上增加了国外采购羊毛的成本，因而提高了国内毛纺织业的成本优势。同时，爱德华三世还大幅提高羊毛出口关税，税率从 1275 年初设时每包 6 先令 8 便士提高到 26 先令 8 便士。此后，羊毛的出口关税一直处于增长态势，至爱德华四世时定为国内商人每包 33 先令 4 便士，外国商人每包 66 先令 8 便士③。这一高关税措施尽管是出于财政的需要，但结果是使英国的毛纺织业得到了"双重保护"④。此外，爱德华三世还颁布法令，要求臣民使用国产毛纺织品。他本人也有意识地身着国产服饰，以示对国货的支持。

对于爱德华三世而言，财政和税收显然是第一位的，但他的经济政策却大大促进了英国纺织业的发展，为树立英国在国际分工中原材料供应者的地位迈出了重要一步。15 世纪中叶，英国由一个以输出羊毛为主的国家转变为以输出毛纺织品为主的国家，毛纺织业已经发展为英国最重要的工业部门。百年战争结束以后，因"红白玫瑰战争"导致的长期内乱以及英国商人与汉萨商人之间的冲突等不利因素，英国毛纺织业曾一度陷入衰落。内乱结束后，尤其从都铎王朝开始，英国毛纺织业又开启了新的历史征程。

### 8.1.2 都铎王朝发展毛纺织业的成功经验与推广

（1）都铎王朝前期开始总结毛纺织业的发展经验

都铎王朝时期对英国制造业影响最大的君王当属亨利七世（1485—1509 年）和伊丽莎白（1558—1603 年）。亨利七世是都铎王朝的第一位国王。可以认为，百年战争时期的经济政策和毛纺织业的发展

---

① 陈曦文. 世界中世纪史研究 [M]. 北京：人民出版社，2006：26.
② 波斯坦，里奇，米勒. 剑桥欧洲经济史：第三卷 [M]. 周荣国，张金秀，译. 北京：经济科学出版社，2002：285-286.
③ 顾銮斋. 英国中世纪后期商业政策的转变 [J]. 学习与探索，1994（1）：117-123.
④ 波斯坦，里奇，米勒. 剑桥欧洲经济史：第三卷 [M]. 周荣国，张金秀，译. 北京：经济科学出版社，2002：270.

已经为亨利七世实施保护主义经济政策积累了经验。此外，他的青少年时期是在法国勃艮第度过的。在那里，他发现生产毛纺织品要比单纯出口羊毛创造更多的财富。这一经历使亨利七世更清醒地意识到英国发展毛纺织业的重要性。因此，他针对毛纺织业采取了"有意的幼稚产业促进政策"①。也就是说，发展毛纺织业已经由一种财政手段演变为一种目的。

具体而言，亨利七世重申保护外国技术人员定居英国的法令②，提高羊毛出口关税，甚至有意禁止羊毛出口③。值得注意的是，亨利七世还曾下令禁止出口未经充分加工的呢绒半成品④。他与汉萨商人谈判时只允许其"出口已加工完成之呢布，从而保护本国呢布工业中染工与修剪工的利益"⑤。这一个细节体现了一种非常重要的观点："出口羊毛纺织品胜过出口羊毛，同样，出口成衣和染色纺织品胜过出口半成品。"⑥伊丽莎白继位以后，在经济实践中进一步落实了这种观点，并将其延伸至其他制造业领域。

受益于这种政策，英国毛纺织业得到了飞跃性发展。从出口规模的变化看，英国在16世纪前期"掀起了以呢绒输出为中心的对外贸易高潮"，年均出口额从1498—1502年的6.9万匹增至1550—1552年的12.6万匹⑦。毛纺织业成为英国独一无二的支柱性产业，在一些年份，呢绒出口的规模占英国全部出口商品总额的比重近80%。

（2）伊丽莎白将毛纺织业的成功经验推广至其他制造业领域

伊丽莎白即位后不仅加强了对毛纺织业的保护和支持，而且将其成功经验推广到其他制造业领域。毛纺织业的成功经验，使伊丽莎白和她的大臣们意识到：制成品的生产相对于原材料或半成品更加重要。因此，伊丽莎白开始实施有利于制造业全面发展的经济政策。这些政策在

---

① 张夏准. 富国陷阱：发达国家为何踢开梯子？［M］. 肖炼，等，译. 北京：社会科学文献出版社，2009：20.
② 陈曦文. 世界中世纪史研究［M］. 北京：人民出版社，2006：26-27.
③ 张夏准. 富国陷阱：发达国家为何踢开梯子？［M］. 肖炼，等，译. 北京：社会科学文献出版社，2009：21.
④ 梅俊杰. 自由贸易的神话：英美富强之道考辨［M］. 北京：新华出版社，2014：49.
⑤ 蒋孟引. 英国史［M］. 北京：中国社会科学出版社，1988：248.
⑥ 张夏准. 富国陷阱：发达国家为何踢开梯子？［M］. 肖炼，等，译. 北京：社会科学文献出版社，2009：21.
⑦ 陈曦文. 世界中世纪史研究［M］. 北京：人民出版社，2006：134.

进口方面鼓励从国外输入英国制造业所需要的原材料，但禁止输入工业制成品，并限制输入奢侈品；在出口方面鼓励输出制成品，但禁止输出原材料[①]。也正是基于发展制造业的考虑，伊丽莎白特别重视各领域技术工人及企业家的引进。又恰逢尼德兰和法国战乱所引发的移民潮[②]，伊丽莎白抓住这一历史机遇，专门针对外来技术工人制定了一系列优惠政策，如颁发生产许可证、授予专利权[③]、允许宗教信仰自由等，其根本目的是使新技术在英国传播[④]。

尼德兰的纺织工人为英国带来了新呢绒的生产技术。英国原来生产的呢绒是由粗纺线制成的，新呢绒则由精纺线制成，具有轻便、色彩鲜艳等特点[⑤]。新呢绒的生产使英国毛纺织业焕发了新活力，使英国毛纺织业向着高质量和多品种的方向发展。除了毛纺织业的新技术，据说棉纺织业也是由尼德兰移民于1585年传入英国的[⑥]。当然，伊丽莎白的目光不仅仅停留于纺织业，而是着眼于制造业的全面发展。举例而言，从法国和尼德兰等引进玻璃生产的技术工人发展英国玻璃制造业及其衍生的窗户、器皿和眼镜等行业[⑦]；通过尼德兰移民引进制盐技术，发展英国食盐工业，从而摆脱对外部的严重依赖。

明矾、硝石、火药和肥皂等工业也是在伊丽莎白时期建立和发展起来的。军事工业尤其不能忽视。其一，努力引进德国技术人才和资金建立铜的开采和冶炼工业，并引进德国技术工人发展枪炮业[⑧]。伊丽莎白末年，英国生产的大炮已享有盛名。这为壮大英国海军奠定了一定的基础。其二，积极向威尼斯、葡萄牙和尼德兰等国家学习，大力发展造船

① 余建华，季惠群. 伊丽莎白时代英国对外贸易发展之动因 [J]. 上海社会科学院学术季刊，1991 (4)：67-74.
② 16世纪60年代，尼德兰和法国分别爆发了资产阶级革命和宗教战争，导致大量技术工人移民，尤以新教徒为最。
③ 需要指出的是，英国在授予外商专利权的同时，要求其保证将技术传授给英国工人。
④ 陈勇. 十四至十七世纪英国的外来移民及其历史作用 [C] //吴于廑. 十五十六世纪东西方历史初学集. 武汉：武汉大学出版社，1985：173-174.
⑤ 蒋孟引. 英国史 [M]. 北京：中国社会科学出版社，1988：318.
⑥ 蒋孟引. 英国史 [M]. 北京：中国社会科学出版社，1988：318.
⑦ 库钦斯基. 生产力的四次革命：理论和对比 [M]. 洪佩都，赖升禄，洪善楠，译. 北京：商务印书馆，1984：19. 英国第一家专门的玻璃生产企业是由安特卫普的一个企业主建立的. 参见杨玉林. 伊丽莎白一世时期的英国经济 [J]. 山东师范大学学报：社会科学版，1994 (6)：37-40. 16世纪后期，英国实现了玻璃的大量生产，17世纪初，实现对进口玻璃的替代，进而逐步在国际市场形成竞争优势。参见奇波拉. 欧洲经济史：第二卷（上册）[M]. 贝昱，张菁，译. 北京：商务印书馆，1988：360.
⑧ 详见陈勇. 十四至十七世纪英国的外来移民及其历史作用 [C] //吴于廑. 十五十六世纪东西方历史初学集. 武汉：武汉大学出版社，1985：177；蒋孟引. 英国史 [M]. 北京：中国社会科学出版社，1988：315.

业。造船业是英国最为重视的战略性行业。至1588年，英国百吨以上的船只由1545年的35条增至183条，1629年增至350条[①]。至16世纪末，英国造船业已经摆脱了落后地位，领先于欧洲其他国家。这是英国争夺海上霸权的一个必备条件。

总之，伊丽莎白时期已基本明确了英国优先发展制造业的重大战略。制造业的普遍发展引发了对能源和木材的大量消耗，进而出现了森林资源不足的现象。这是英国转向煤炭资源开发和利用的重要因素。英国的煤炭开采业迅速发展，16世纪末，煤炭已经成为英国的重要产品之一[②]。可以看出，煤炭能源是工业革命的重要基础，但煤炭能够得到开发利用，首先是由制造业的发展导致的[③]。

## 8.2　英国的全球海洋战略与殖民帝国

### 8.2.1　伊丽莎白的全球海洋战略蓝图

在海洋事业方面，伊丽莎白时期迈出了具有转折意义的一步。都铎王朝前期，英国的海上力量依然局限于欧洲周边的区域性海域。伊丽莎白时期，英国的海上力量突破了区域性限制，开始在全球海域范围广泛布局，进而开启了追赶西班牙、荷兰等世界海洋强国的征程[④]。

伊丽莎白的海洋战略大体上可以概括为实行三步走。首先，取缔汉萨同盟等外国商人对英国海外贸易的控制，支持、壮大本国商人阶层的力量。英国的海外贸易曾长期被意大利商人和汉萨同盟控制，且王室在筹集战争款项等方面依赖于这些外国商人。都铎王朝时期，随着国内商人阶级力量的壮大，王室开始与本国商人联合起来排挤外国商人。经过

---

① 波梁斯基. 外国经济史（资本主义时代）[M]. 郭吴新，等，译. 北京：生活·读书·新知三联书店，1963：49.
② 关于煤炭产量相关数据参见杨玉林. 伊丽莎白一世时期的英国经济[J]. 山东师范大学学报：社会科学版，1994（6）：37-40.
③ 每个制造领域都需要大量燃料。尤其要指出的是，伊丽莎白时期，为了保证造船业有足够的木材供应，政府颁布法令，禁止砍伐海岸、河岸及伦敦周边的树木，同时鼓励用煤和焦炭代替木材作为冶铁燃料。参见高作钢. 英国都铎王朝海上政策初探[C]//吴于廑. 十五十六世纪东西方历史初学集. 武汉：武汉大学出版社，1985：208.
④ 参见高作钢. 英国都铎王朝海上政策初探[C]//吴于廑. 十五十六世纪东西方历史初学集. 武汉：武汉大学出版社，1985：205，216.

都铎王朝前期的排挤，外国商人的势力已经被大大削弱。伊丽莎白即位后，继续与汉萨商人开展斗争。斗争以 1560 年汉萨商人在英国的特权被取消而告终①。

其次，王室与商人联合发展海上力量和海外贸易，并开拓殖民地。王室与商人合作主要通过建立贸易公司来实现。1579 年伊丽莎白授权成立东地公司，打通了英国在北海和波罗的海的贸易航道。这一贸易航道不仅为英国毛纺织业开辟了新的销售市场②，更重要的是成为英国造船业获取所需原料的重要渠道③。对于造船业而言，英国是资源贫乏的国家，帆布、船桅、制造锚的铁等重要原材料都需要经波罗的海进口④。

在 1571 年的勒班陀海战中，奥斯曼土耳其帝国战败，威尼斯在地中海的贸易也大为削弱，其船只仅仅向地中海东部航行，向西航行的路线完全中断⑤。这为英国发展地中海贸易提供了机遇。为此，伊丽莎白积极与土耳其建立贸易关系，并于 1581 年授权成立土耳其公司。土耳其不仅是英国开展香料等东方奢侈品贸易的窗口，也成为其发展东地中海贸易的重要立足点。1592 年土耳其公司被合并为利凡特公司，专门开展地中海贸易⑥。至此，英国打通了地中海的贸易航线。

除了专注于地中海贸易外，利凡特公司还试图开辟途经叙利亚和波斯湾，穿越印度洋，进而抵达印度的贸易通道。这一新的贸易通道实现了英国与印度等东南亚地区的直接贸易，但因成本太高，只得放弃。后来，英国循着葡萄牙和荷兰的足迹绕过好望角开辟了通往东印度群岛的航线。1599 年英国在印度尼西亚爪哇岛建立了第一个商站，次年东印

---

① 蒋孟引. 英国史 [M]. 北京：中国社会科学出版社，1988：310.
② 波罗的海成为英国毛纺织品的第二大出口地，但占比依然较低，1597—1598 年所占比重为 11.3%。值得注意的是，东地公司出口的呢绒是成品，不同于向荷兰出口的半成品。参见夏继果. 伊丽莎白一世的外交政策与商业扩张 [J]. 齐鲁学刊，1996（5）：124-128.
③ 就造船业而言，还需要提及 1555 年成立的莫斯科公司。"这家公司运往俄国的染色呢布等商品虽然销路不佳，它在关键时刻从俄国运回的造船材料却是非常重要的。"从俄国进口的造船材料主要包括麻绳和缆索等。参见蒋孟引. 英国史 [M]. 北京：中国社会科学出版社，1988：311；陈曦文. 世界中世纪史研究 [M]. 北京：人民出版社，2006：74-75.
④ 陈曦文. 世界中世纪史研究 [M]. 北京：人民出版社，2006：77.
⑤ 布罗代尔. 菲利普二世时代的地中海和地中海世界：第一卷 [M]. 唐加龙，曾培耿，等，译. 北京：商务印书馆，1996：912.
⑥ 就在此时，英国在地中海也遇到了最强劲的对手荷兰，荷兰 1590—1593 年重返地中海贸易。参见布罗代尔. 菲利普二世时代的地中海和地中海世界：第一卷 [M]. 唐加龙，曾培耿，等，译. 北京：商务印书馆，1996：924.

度公司宣告成立①。但在印度尼西亚，英国不足以对抗荷兰，因而将目标转向了印度。

最后，伊丽莎白当然不会忽视富饶的美洲大陆，但欧美航线被西班牙控制。此时英国海上力量不足以对抗强大的西班牙海军，伊丽莎白无力与西班牙开展正面对抗，不得不采取游击的方法，依靠海盗来开展在美洲的探险活动，同时对西班牙的海上贸易进行频繁的骚扰和抢劫②。在英国与西班牙的对抗中，海盗发挥了很重要的作用，甚至1588年英国打败无敌舰队，海盗也是功不可没的。

不难发现，伊丽莎白已经为英国的全球海洋战略绘制了一幅蓝图。一方面通过政府与商人阶级的联合，以成立贸易公司的形式，向北开拓北海和波罗的海的贸易航线，向南开拓地中海和印度洋的贸易航线；另一方面，通过与海盗联合向西开展欧美贸易航线的探险活动。结合前面所述，我们不难发现，不同于西班牙和荷兰，英国的海洋战略服务于本国制造业的发展。概言之，英国的战略目标是打造以海上贸易通道为桥梁，以英国制造业为中心的全球经济体系。正如李斯特所指出的，"成为一个把整个世界都纯粹视为其一个省份的大宗主国"③。

在这一战略思路的指导下，英国有计划地削弱竞争对手。伊丽莎白执政时，英国的最大竞争对手是西班牙。起初，伊丽莎白主要依靠海盗的力量来打击西班牙④。随着造船业和海军力量的壮大，英国海军于1588年战败西班牙无敌舰队，可谓英国海上力量增强的标志性事件。然而，西班牙的海上力量并未因此而衰落。此后10年间，伊丽莎白先后发动了4次大规模的海上远征，试图摧毁西班牙海军，但都遭到了失败⑤。只有到"三十年战争"以后，西班牙的海上力量才被真正打垮。

伊丽莎白去世后200年的时间里，她的后继者们先后打败了西班牙、荷兰和法国，终于成为世界海洋霸主，完成了伊丽莎白的心愿。

---

① 东印度公司是在利凡特公司的基础上建立的。参见何顺果. 特许公司——西方推行"重商政策"的急先锋 [J]. 世界历史, 2007 (1): 46-62.
② 详见陈玮. 英国女王伊丽莎白一世和海盗德雷克 [J]. 内蒙古大学学报: 哲学社会科学版, 1983 (2): 47-57.
③ 李斯特. 政治经济学自然体系 [M]. 杨春学, 译. 北京: 商务印书馆, 1997: 135.
④ 可参见陈玮. 英国女王伊丽莎白一世和海盗德雷克 [J]. 内蒙古大学学报: 哲学社会科学版, 1983 (2): 47-57.
⑤ 详见夏继果. 英西战争 (1588—1604) 中的英方政策评价 [J]. 世界历史, 1998 (2): 52-59.

### 8.2.2 17世纪打败海洋强国荷兰

一般认为，17世纪的资产阶级革命是英国最重要的历史事件，甚至被视为世界历史上最重要的事件之一。然而，从整个西欧看，17世纪上半叶最重要的事件是"三十年战争"，可谓欧洲史上第一次大规模的国际战争。英国并非这场战争的主要参与者，却是这场战争的主要受益者之一，因为很多大陆国家被削弱，尤其是西班牙的海上力量基本被打垮。"三十年战争"为英国建立海洋霸权清除了一个最主要的障碍。然而，此时英国又迎来了另一个强劲对手：荷兰。如果从上述全球化的战略视野看，17世纪对英国来说最重要的事件是与荷兰争夺世界海洋霸权。其实，这也是英国执政者百年不动摇的战略方向。

荷兰是在尼德兰革命中独立出来的。1581年尼德兰北方各省和南方部分城市成立联省共和国，1609年其独立地位得到承认。此后，荷兰迅速发展为海洋强国。据估计，荷兰曾拥有1.6万艘商船，总吨位相当于英、法、葡、西四国的总和。这些船只遍布世界各地，荷兰因此获得了"海上马车夫"的称号。

英国在全球海域的战略布局处处遭遇了荷兰的排挤。"在印度尼西亚，荷兰的东印度公司把英国人赶了出去，垄断了全部的香料贸易……在波罗的海，荷兰人几乎封闭了英国与波罗的海沿岸各国通商的道路……在北美殖民地，荷兰商人到处排挤英国商人……"[①]以波罗的海为例，17世纪上半叶，在输入该海域的毛纺织品份额中，英国由80%左右跌至30%，而荷兰由不足20%增至50%以上[②]。这也再次印证了马克思的判断："在真正的工场手工业时期，却是商业上的霸权造成了工业上的优势。"

因此，17世纪下半叶，英国将矛头集中指向了荷兰，连续挑起了三次英荷战争。1651年，克伦威尔颁布了《航海条例》，规定：自1651年12月1日起，凡是从欧洲其他国家运到英国的货物，必须由英国船只或商品生产国的船只运送；凡是从亚洲、欧洲、美洲运到英国、爱尔兰

---

① 王绳祖. 国际关系史：第一卷 [M]. 北京：世界知识出版社，1995：80.
② 相关数据参见陈勇. 商品经济与荷兰近代化 [M]. 武汉：武汉大学出版社，1990：81.

以及英国各殖民地的货物，必须由英国船只或英国的有关殖民地船只运送；英国各港口的渔业进出口以及英国国境沿海的商业，完全由英国船只运送[①]。显然，《航海条例》的矛头直指荷兰，是第一次英荷战争的导火索（1652—1654年）。战争的结果是双方在伦敦市的威斯敏斯特签订了和约，荷兰被迫承认《航海条例》。

英王查理二世在位时（1660—1685年）挑起了后两次英荷战争。他不仅严格执行了《航海条例》，而且做出了补充性规定，使英国几乎取代了荷兰在美洲的转口贸易。与此同时，英国还向荷兰在非洲和美洲的殖民地发动进攻。1664年，英国占领了荷兰在北美的殖民地新阿姆斯特丹（后来被改称为纽约）。次年，第二次英荷战争（1665—1667年）爆发。这场战争为英国争夺在北美和西印度群岛的霸权地位奠定了基础。根据1667年7月31日签订的《布雷达条约》，荷兰正式将纽约（包括特拉华）割让给英国，并承认英国在西印度群岛的势力范围，但英国也做出了妥协，放宽了《航海条例》的限制，并退出了印度尼西亚。

第三次英荷战争（1672—1674年）是英国作为法国的同盟国而对荷兰发动的战争。第2章已经提到，1670年英法秘密签署了《多佛尔条约》以共同对付荷兰，但战争爆发没多久，英国就出现了背叛倾向，并于1674年单独与荷兰媾和。退出战争后，英国实际成为一个坐收渔利者。一方面，荷兰深陷与法国的战争中，不得不给予英国更多的让步，不仅向英国支付赔款，而且将美洲殖民地新泽西让与英国[②]。与此同时，深陷战争的荷兰不得不将大量的海上贸易拱手让给了英国。另一方面，法国担心英国加入到敌对阵营中，因而不断向英国输送金钱。最终这场战争以荷兰的失败而收场。

显然，三次英荷战争的最终胜利者是英国。英国取代荷兰成为第一海洋强国，其殖民帝国也现雏形。它不仅在北美殖民地占据了统治地位[③]，而且增强了在西印度群岛的势力范围。战争期间，英国还不失时机地强占西班牙、法国、葡萄牙等国家的殖民地，并迫使其他欧洲国家

① 蒋孟引. 英国史 [M]. 北京：中国社会科学出版社，1988：381.
② 也有文献记录新泽西是在第二次英荷战争中被英国占领的。参见阿瑞吉，等. 现代世界体系的混沌与治理 [M]. 王宇洁，译. 北京：生活·读书·新知三联书店，2003：50.
③ 夺取了原属荷兰的纽约和新泽西后，英国原有的新英格兰、卡罗莱纳和弗吉尼亚等殖民地被连成一体，覆盖了美国西北部和西部的大片疆土。

对英国开放殖民地市场。此外，退出了东印度群岛并不意味着英国退出了东南亚，因为它正在印度大力发展殖民势力。

## 8.3 英国经验的总结与理论意义

1721年英国议会开幕时，国王乔治一世曾指出："输出制成品并输入原料，对于公共福利的促进显然是再有利也没有的。"[①]如前所述，这一信条在都铎王朝时期就被贯彻落实到经济实践中了。根据上文的分析，"出口制成品，进口原材料"作为一种国家致富的经验是英国经济实践经历了三个发展阶段后的产物。第一阶段，出于财政和外交考虑针对羊毛贸易的关税政策客观上促进了毛纺织业的发展；第二阶段，从毛纺织业的政策实践中总结出"出口羊毛制品胜过出口羊毛"的个别经验；第三阶段，将毛纺织业的成功经验推广至其他制造业领域，形成国家致富的一般经验。简言之，制造业要比单纯的原材料生产带来更多的财富。为什么？

伊丽莎白似乎意识到了经济活动的质量差异问题。正如杰奥瓦尼·阿锐基所言："伊丽莎白和她的顾问们比许多我们自己的同时代人还要清楚资本主义世界经济中工业的发展与国家财富和权力的扩张之间的关系……工业发展只有在高附加值活动取得突破的情况下，才能转变成国家财富和权力的扩张。"[②]显然，这一认识源于上述成功经验的思索。后来，重商主义者提出的"贸易商品结构论"[③]已经为英国的成功经验赋予了理论色彩。但英国的这一经验和思想并没有得到宣传，直至埋没在后来兴起的斯密经济学思潮中。现如今多数经济学文献没有意识到这一点，笼统的重商主义概念遮盖了其思想精华。

长期被边缘化的德国经济学家李斯特曾对斯密经济学开展了尖锐的批评，并对英国的成功经验做了理论上的思考。他继承并发展了重商主义的"贸易商品结构论"，提出了具有一般意义的经济学理论，即生产

---

① 李斯特.政治经济学的国民体系 [M]. 陈万煦，译. 北京：商务印书馆，1961：41.
② 阿瑞吉. 漫长的20世纪——金钱、权力与我们社会的根源 [M]. 姚乃强，等，译. 南京：江苏人民出版社，2001：233.
③ 欧文. 国富策：自由贸易还是保护主义？[M]. 梅俊杰，译. 上海：华东师范大学出版社，2013：49-50.

力理论。该理论的基本出发点是经济活动的质量差异性，强调国家致富的经济活动是特定的，即只有高质量的经济活动能致富。其适用范围从国际贸易领域延伸至一般的经济活动，强调国家致富的关键在于发展具有高质量活动的制造业。在重商主义时代，相比于农业和原材料生产，制造业或工业的生产活动具备相对高质量的特征。因此，李斯特正确地将重商主义阐释为"工业主义"①。在更深的理论层面上，生产力理论对正统的交换价值理论或价格理论提出了根本性的挑战，但可惜被长期忽视了②。

运用李斯特经济学的这一观点，结合马克思的重要洞见，可以进一步从理论上解释伊丽莎白的经济政策。马克思指出："生产方式的变革，在工场手工业中以劳动力为起点，在大工业中以劳动资料为起点。"③由此不难理解，在工业革命之前的工场手工业发展阶段，高附加值或高质量经济活动取决于劳动力，也就是技术工人，因此，发展制造业的首要因素是技术工人。伊丽莎白大力引进外来技术工人正是抓住了这一关键。

马克思还指出："现在，工业上的霸权带来商业上的霸权。在真正的工场手工业时期，却是商业上的霸权造成了工业上的优势。所以殖民制度当时起着决定性作用。"④马克思的这一洞见揭示了海上贸易或商品流通环节的重要性。如果将原材料供应、生产制造和贸易流通作为一个价值链看，除了生产环节外，贸易流通环节也是高附加值活动。只不过，其高附加值不是创造出来的，而是靠海权的强制力占有的。正是在这个意义上，马克思说："商品流通是资本的起点。商品生产和发达的商品流通……是资本产生的历史前提。"⑤资本对价值的剥削和占有首先是通过流通环节实现的。

沿着马克思的思路，我们可以运用剩余价值理论开展更深层次的理论研究。但就本章而言，我们无须这样做，因为伊丽莎白和她的大臣们

---

① 李斯特.政治经济学的国民体系［M］.陈万煦，译.北京：商务印书馆，1961：282.
② 相关讨论参见丁涛.李斯特生产力理论的回顾与现实意义［J］.学习与探索，2015（1）：98-103.
③ 马克思.资本论：第一卷［M］.中共中央马克思恩格斯列宁斯大林著作编译局，译.北京：人民出版社，2004：427.
④ 马克思.资本论：第一卷［M］.中共中央马克思恩格斯列宁斯大林著作编译局，译.北京：人民出版社，2004：864.
⑤ 马克思.资本论：第一卷［M］.中共中央马克思恩格斯列宁斯大林著作编译局，译.北京：人民出版社，2004：864.

并非从这个角度来认识贸易流通的重要性。他们非常清楚海外贸易对于制造业的重要性。制造业的发展，一方面要向海外出口大量的制成品，另一方面又要从海外市场进口大量的原材料。因此，我们必须看到，英国发展制造业的战略与其海洋战略是统一的，统一于构建全球经济体系的战略蓝图。这个经济体系的核心就是英国制造业，殖民地为这一制造业中心提供原材料，并成为制成品的消费市场。显然，这个体系必须依靠强大的政府和海军来维系。西班牙的失败是因为缺少这种发展思路，尤其忽视了制造业的核心地位。

英国处在都铎王朝前期的时候，西班牙拥有海上霸权和丰饶的殖民地，但未能抓住这一历史机遇发展制造业[①]。16世纪后期，西班牙不仅没有发展制造业，而且还出现了去工业化的发展趋势。其制造业"不仅丧失了国际市场，而且也丧失了国内市场，它已经成了法国、荷兰与英国商品的一个重要的倾销地"[②]。17世纪以后，西班牙的经济已经沦为类似于殖民地的发展模式，即进口制成品，出口原材料[③]。由于缺乏制造业的支撑，西班牙的海上力量终究会走向衰落。伊丽莎白执政时，她和她的谋臣看出了西班牙的这一致命弱点，因而果断向其发动了攻击。

与西班牙类似，荷兰的工业基础也是相对薄弱的。李斯特很早就指出，荷兰由于缺乏大国的基础，难以长期维系它的海洋霸权[④]。一方面，国土的疆域过小；另一方面，缺乏有力的中央政府。各个省份都有自己的舰队，各自为政，甚至相互猜忌[⑤]。作为联合省的荷兰是否是一个真正意义上的现代国家都是存在疑问的[⑥]。这或许注定荷兰发展制造业空间是有限的，因而注重转口贸易并最终转向了金融信贷事业。当法国等大陆国家推行高关税的重商主义政策时，荷兰制造业就暴露出脆弱

---

[①] 在发展制造业方面，西班牙还有其他得天独厚的条件，但经济政策的失败使这些优越的条件没有得到发挥。参见顾銮斋. 资源、机遇、政策与英国工业化的启动——关于工业化的一项比较研究 [J]. 世界历史，1998（4）：44-51.

[②] 奇波拉. 欧洲经济史：第二卷（上册）[M]. 贝昱，张菁，译. 北京：商务印书馆，1988：361.

[③] 到17世纪时，"西班牙开始日益依靠外国的供给来满足其需要；荷兰造的船舶、英国的精纺毛织物与金属器皿以及法国与意大利的丝绸逐渐取代了本国的产品，而用于换取这些舶来品的则是西班牙所能提供的一些初级产品，例如原毛、橄榄油与铁"。参见奇波拉. 欧洲经济史：第二卷（上册）[M]. 贝昱，张菁，译. 北京：商务印书馆，1988：361.

[④] 李斯特. 政治经济学的国民体系 [M]. 陈万煦，译. 北京：商务印书馆，1961：34.

[⑤] 马汉. 海权对历史的影响：1660—1783 [M]. 安常容，成忠勤，译. 北京：解放军出版社，1997：64.

[⑥] 阿瑞吉，等. 现代世界体系的混沌与治理 [M]. 王宇洁，译. 北京：生活·读书·新知三联书店，2003：48.

性和不堪一击。因此，尽管荷兰获得了"海上马车夫"的称号，但支持这一体系的工业基础却是薄弱的。总之，与西班牙和荷兰比较，英国取胜的关键是发展生产力或"制造力"。

## 8.4 法国的落后与失策

早在发动第三次英荷战争之前，英国就担心法国在柯尔培尔重商主义体系下快速发展。此时法国也具备了全球化的战略视野，海上力量不断壮大，殖民势力也在迅速扩张。因此，荷兰走向衰落后，英国很快将矛头集中指向了法国。第3章已经对英法间的战争状况进行了概述。作为18世纪英法争霸的胜利者，英国成为世界第一海洋强国并建立起了日不落殖民帝国。至此，伊丽莎白的战略蓝图已经变成现实，一个以英国制造业为中心的世界经济体系构建完成，工业革命的曙光也已显现。法国则失去了赶超英国的历史机遇，战争带来的财政危机和政治动荡使大革命的爆发如箭在弦上。法国为何败给了英国？

### 8.4.1 重商主义实践落后于英国

本书第2章论及重商主义经济思想的三个方面。其核心绝非贵金属主义，而是以国家之力发展制造业。这一点也适合于英国。伊丽莎白吸取了西班牙的教训，意识到财富并非源于贵金属本身，而是源于制造业。本章在论及重商主义时，主要是指支持制造业和海洋事业的各种经济政策和经济思想。

如前所述，早在百年战争期间，英国的经济政策就为重商主义实践积累了经验。都铎王朝前期，英国开始有意识地促进毛纺织业的发展，正式实施了重商主义的产业政策。都铎王朝后期，即伊丽莎白执政时，英国将毛纺织业的经验推广到各个制造业部门，确立了以制造业为中心的发展理念。总体而言，在16世纪后期，英国已经广泛推行了重商主义的经济政策，且具备了比较成熟的重商主义思想。这使英国能够制订出长远的战略规划，无论在发展制造业、争夺海权还是殖民扩张等方面都表现出深谋远虑的一面，这背后其实有一个早已设计好的全球战略体系作为统领。

相比之下，法国的重商主义实践非常晚。16世纪末和17世纪初，即亨利四世执政后，法国重商主义实践才算刚刚起步。此后半个世纪的时间里，法国的重商主义得到了发展，但与英国比较，只能说还处于摸索阶段。直至柯尔培尔时代，法国才产生一个发展思路清晰的重商主义体系。此时，法国已经落后于英国近一个世纪。因此，至柯尔培尔时期，法国是一次追赶。前面章节已经得出明确的结论，即柯尔培尔时代已经创造了一次赶超英国的机会，这也正是英国所担心的。

法国的重商主义实践落后于英国，其原因是多方面的，但首先应该看到客观因素。如前所述，英国较早建立了中央集权的民族国家，且天然有羊毛和毛纺织品的大宗商品贸易。这些都是英国能够较早开展重商主义实践的基础条件。同时，作为一个岛国，英国也具备发展海洋事业的天然优势。法国则不具备这些条件。但这些条件并不是决定性的，也不能阻止法国成为一个后来居上者。

### 8.4.2　错失柯尔培尔时代创造的赶超机遇

本书第2章已经对柯尔培尔的重商主义体系做了较为详细的论述，并对其主要成就做了总结。需要重申，柯尔培尔重商主义体系的解体，原因不在于重农学派和斯密经济学所认为的那样。这一体系本身并不失败，败在这一成功的体系没有被成功地执行。本章主要阐述路易十四及其后继者在战略决策上的失败。

路易十四对柯尔培尔设计的宏伟战略蓝图似乎不感兴趣，或者说缺乏发展经济的战略眼光，只是沉迷于宗教权威和领土争夺。在与英国签订《多佛尔条约》时，路易十四以牺牲法国经济利益换取英国国王查理二世改宗天主教。1678年打败荷兰以后，路易十四以胜利者身份谈判时只顾领土占有，却废弃了柯尔培尔极力主张的保护主义政策。当路易十四作为领土征服者而耀武扬威时，柯尔培尔清醒地认识到英国是法国开展全球海洋战略的最大对手，因而建议做好针对英国的战略准备。然而，路易十四却将矛头指向了德国。柯尔培尔去世后，路易十四废除了南特敕令，导致大量制造业工人的流失。这一切都严重背离了柯尔培尔重商主义的基本思想。

柯尔培尔曾为法国打造了强大的海军力量，但不幸的是，这支力量不但没有得到加强，反而不断被削弱，直至 18 世纪被英国消灭。当 1676 年法国舰队打败了荷兰和西班牙的联合舰队时，查理二世对法国海军的担忧成为现实。因此，英国很快放弃了与法国的合作，转而寻求抗衡法国的盟友，并开始了削弱法国海军力量的计划。此时，路易十四依然没有意识到海权的重要性，继续以陆上征服为战略导向。这正中英国人的下怀。当路易十四集中力量开展陆地战争之际，英国则趁机在海上攻城略地。

1686 年奥格斯堡反法联盟的成立，不仅为英国完成光荣革命创造了机遇，也为英国从海上排挤法国势力创造了第一次机会。在长达 9 年的奥格斯堡联盟战争中，路易十四的主要军力耗费在陆战上，海上力量则因英国和荷兰的打击而削弱。在路易十四生前最后一次战争中，即西班牙王位继承之战，英国有计划地夺取了法国在美洲的部分殖民地，并加强了对印度的统治。这成为法国失去在北美和印度的殖民势力的前奏。

路易十五在位时的奥地利王位继承战争和七年战争宣告了法国海军和殖民帝国的覆灭。英国获得了法国的大部分殖民地，成为世界海洋的唯一统治者。从此以后，法国的海军力量再也没有真正强大起来。拿破仑曾试图重建强大的海军，但特拉法尔加海战的挫败使他彻底失望了。他最后放弃了殖民地和海上力量，建立了大陆封锁体系。

### 8.4.3 对重商主义经济思想把握不足

18 世纪一般被认为是英法争霸的世纪。对英国而言，这是不断削弱法国海军并夺取法国殖民地的过程。进一步而言，英国的战略思路非常明确，甚至实现了对法国海上力量的精确打击。法国的战略思路则相对模糊，且往往是被动的。造成这一差异的原因之一是英国在重商主义思想的指导下，形成了以发展制造业和争夺海洋霸权为中心的战略体系。对海权重视不够，在一定程度上表现了法国对重商主义思想的把握不足，具体的经济政策更为明显地体现了这一点。

柯尔培尔在1667年制定了高关税的保护主义政策，其目的在于保护法国的制造业。然而，路易十四却将其视为一种外交手段。1678年签署《尼姆维根条约》时，路易十四将1667年的高关税政策废除；1686年奥格斯堡反法联盟成立后，路易十四又恢复了1667年的高关税政策，但九年战争结束后，1697年签署《莱斯威克条约》时又将其废除。这一高关税政策被当作路易十四争取外交权力的工具时，基本丧失了保护法国制造业的功能。

从具体的行业看，棉纺织业是揭示法国决策者对重商主义把握不足的典型案例。17世纪80年代以后，法国连续发布了几次禁令，不仅禁止了棉纺织品的生产和消费，而且禁止了毛织品和麻布的印花活动。这些禁令尽管阻止了印度棉布的进口，但也没有促进本国棉纺织业的发展，同时还对印染行业造成了致命打击。与法国不同的是，英国在禁止进口印度印花棉布的同时，从未禁止国内的印染活动。英国允许进口印度白棉布（未经印染的棉布）作为半成品供应给国内印染行业。这样，国内印染业不仅独占国内市场，而且可以向国外出口印染棉布。因此，英国的印染业得以迅速发展，并对国内整个棉纺织业起到了激活作用。

帕塔萨拉蒂指出："英法差别产生的部分原因是，在重商主义思想应用上的不同——这会导致十分不同的实际政策。"但本章的分析认为，问题症结在于法国决策者未能真正把握重商主义的核心要义。英国决策者一直贯彻"出口制成品并进口原材料"的基本原则，因为这一原则可以保证英国掌握高附加值或高质量的经济活动。最终，在禁止印花棉布进口这一保护主义的高墙内①，在印染这一高质量活动的火车头带动下，英国棉纺织业者通过不断探索和实验生产出了能够满足国内市场的替代产品，并实现了对印度棉布的超越。法国则没能把握这一点，不但没有将印染环节作为高质量活动保护起来，反而颁布了禁令，这项失败的禁令至1759年才被废除。

---

① 1721年，英国禁止了印度白棉纺织品的进口，因而国内生产者不得不寻找替代品以满足印染业和国内市场的需求。英国起初以棉麻混纺布作为替代品，这一产品本来无法与纯棉布竞争，但在保护主义的高墙内，这种产品逐步实现了更新换代，最终实现由混纺布向纯棉布的飞跃。

与对重商主义把握不足相伴而生的是，法国决策者对流行经济学思想缺乏辨别力。北美独立战争（1775—1783年）结束后[①]，在签署《巴黎和约》时，法国主动提出与英国开展新的商业谈判。经过三年谈判，最终形成1786年的英法《伊甸条约》。正如本书在第3章所讨论过的，法国签署这一条约在很大程度上是因为受到了重农学派和斯密经济学的影响，认为法国有发展农业的比较优势，而英国有发展制造业的比较优势。这几乎与英国"出口制成品并进口原材料"的重商主义政策实现了完美对接[②]。其后果是英国廉价商品大量涌入法国市场，对法国制造业造成了致命打击。这一条约加速了法国危机的爆发，可谓引发大革命的最后一根导火索。英国则向着工业革命大踏步前进。

## 8.5　本章小结

英国在中世纪晚期就已开始重商主义的实践，至都铎王朝时期总结出发展制造业的成功经验，并掌握了重商主义的核心要义。在重商主义经济思想指导下，英国确立了以制造业为中心的发展战略，进而依靠政府力量为本国制造业开辟销售市场和原料产地。通过世界海洋霸权的争夺和殖民主义扩张，英国成功建立了以本国制造业为中心的全球经济体系。工业革命首先就是这一全球经济体系的产物。法国不仅在重商主义实践方面落后于英国，而且对重商主义的认识也存在不足。法国没有充分认识到制造业的重要性，且对海权和殖民地重视不够，致使其错过了柯尔培尔时代所创造之赶超英国的历史机遇。

从英国的经济实践及其重商主义思想的产生不难看出，实践远远走在理论的前面，甚至超前几个世纪。这类似于医学上的应用和研究。在12世纪的时候，人们就能有效地运用柠檬来防止坏血病，但其基本原

---

① 法国尽管是战胜方，但未能抓住机遇与北美建立紧密的商业关系。相反，英国作为战败国却取得了商业的胜利，把美国南方变成了兰开夏的经济附庸。参见霍布斯鲍姆. 工业与帝国：英国的现代化历程 [M]. 梅俊杰，译. 北京：中央编译出版社，2017：55.

② 关于英国在谈判过程中的态度及表现可参见丁涛，贾根良. 流行的经济学思潮与经济政策制定者的辨别力——十八世纪英法《伊甸条约》的案例研究与当代启示 [J]. 经济纵横，2018（4）：21-30.

理和机制直至1929年发现维生素C以后才被揭示出来①。经济学理论也是如此，一个有意义的经济理论往往在被正式提出之前就已经被应用了很长时间。国家致富的理论不应该通过假设演绎出来，而应从历史和实践中去发现。

①　赖纳特，贾根良. 穷国的国富论：演化发展经济学论文选：上卷 ［M］. 北京：高等教育出版社，2007：99.

# 9 结论与不足

## 9.1 两种经济政策导向的反复与经济思想的影响

纵观各章内容可见，法国经济政策在不同时期表现出不同的倾向，在保护主义和自由贸易主义之间左右摇摆。百年战争以后，重商主义的萌芽开始在法国酝酿，经过亨利四世和黎塞留的发展，至柯尔培尔时代演变为较为成熟的重商主义体系，法国经济政策也随之出现了一次保护主义的高峰。此后，法国经济政策的重商主义导向趋弱，至大革命爆发前夜转向自由贸易主义。1786年英法商业协定（《伊甸条约》）的签署标志着法国对外经济政策向自由贸易主义的方向迈出了重要一步。

大革命爆发以后，法国经济政策又逐渐由自由贸易主义转向了保护主义。1793年，《伊甸条约》的正式废除标志着法国开始恢复贸易保护主义，随后的督政府执政时期加强了这一政策导向，至拿破仑帝国时期演变成大陆封锁体系，使法国针对英国的贸易保护主义达到了顶峰。大陆封锁体系解体以后，法国经济政策在整体上依然遵循了保护主义的导向，直至开展以铁路为引领的第一次工业革命。在第二帝国统治后期，法国经济政策又从保护主义转向了自由贸易主义，其标志性事件是1860年《谢瓦利埃-科布登条约》的签署。

这一条约签署以后，多数欧洲国家也相继签署类似条约，使欧洲出现了自由贸易的鼎盛时期。但这种政策导向持续了十几年时间后，欧洲遭遇了普遍的经济萧条。随之，欧洲国家开始抛弃自由贸易主义。19世纪80年代以后，除英国外，多数欧洲国家重拾了保护主义。法国也逐渐顺应了这一历史潮流，并于1892年颁布了具有高度保护主义性质的《梅林关税法》。

从经济政策与经济思想的相互影响看，在柯尔培尔重商主义时代，二者之间是紧密结合在一起的，经济思想主要来自对经济实践中经验和教训的吸收和总结。18世纪中叶以后兴起的重农学派和斯密经济学对法国经济政策转向自由贸易主义发挥了重要作用，但与法国制造业的实际状况不相适应。按照流行经济学制定的对外贸易政策对法国制造业造成了严重打击，进而成为引发大革命的重要因素之一。

大革命爆发以后，法国当政者吸收了自由贸易政策的经验教训并恢复了保护主义，至拿破仑统治时期走向了这一政策导向的极端，即大陆封锁体系。拿破仑试图通过大陆封锁体系切断欧洲大陆与英国之间的贸易往来以摧毁后者的经济，进而达到征服的目的。然而，事与愿违，英国制造业依然趋向繁荣，大陆封锁体系则以土崩瓦解告终。从具体的经济政策看，拿破仑尽管是一个坚定的保护主义者，但他自己似乎缺乏成熟的重商主义经济思想作指导。英国之所以能够灵活应对大陆封锁体系，除了制造业的优越和海军的强大外，很大程度上也得益于其对重商主义经济思想的把握。从李斯特经济学的角度看，英国早已经掌握了"出口制成品并进口原材料"这一重商主义的基本原则和指导思想。拿破仑及其追随者尽管都是重商主义的坚定支持者，但似乎没有掌握上述李斯特经济学的致富原则。或者说，法国执政者未能充分领悟柯尔培尔重商主义的精髓。

这一经济思想上的盲点或许是法国执政者更容易被流行经济学思潮左右的原因之一。1860年法国签署《谢瓦利埃-科布登条约》的重要推动力量也来自圣西门主义者支持的斯密经济学。1880年之后，法国在恢复保护主义的道路上落后于德国、西班牙、意大利等欧洲国家，在一定程度上也是因为流行经济学的影响。

与法国比较，英国在对外经济政策方面表现出相对的稳定性。这得益于英国执政者在长期的重商主义实践中树立了以制造业为中心的发展理念，并掌握了"出口制成品并进口原材料"的基本经济原则。1786年，英国与法国签署《伊甸条约》并非因为斯密经济学的影响，而是因为它符合上述重商主义的发展理念。1860年签署《谢瓦利埃-科布登条约》时，英国已经完成了工业革命并成为全球制造业的领导者，它的廉价商品成为摧毁一切"万里长城"的重炮。在其制造业没有可匹敌之竞争对手的情况下，英国在实际上已成为最大的自由贸易主义者。

## 9.2　经济思想的分流及其与经济政策的背离

自重农学派和斯密经济学兴起以后，经济思想史发生了一次大分流，从此也就产生了经济学流派的主流与非主流或正统与非正统之分。显然，重商主义的经济思想是在长期经济实践中总结出来的。随着实践经验的积累和思想水平的不断提升，重商主义的理论体系本应该得到不断深化和完善。然而，重农学派和斯密经济学的兴起打乱了重商主义经济理论的发展。

道格拉斯·欧文指出："1776年，亚当·斯密发表《国富论》。如果将此前数十年与此后阶段的经济学文献作一比较，可以发现，在关于商业政策的观念上，前后存在一个泾渭分明的断裂。"[①]之所以表现为"断裂"，是因为经济思想的主要源泉不再是经济实践，而是"18世纪启蒙运动中兴起的道德哲学"[②]。无论重农学派还是亚当·斯密都将自然法哲学作为经济学的理论基石，但自然法或自然秩序并非源于经济实践，实际上是自然神学的产物。不难发现，斯密所谓的"看不见的手"

---

① 欧文. 国富策：自由贸易还是保护主义？[M]. 梅俊杰，译. 上海：华东师范大学出版社，2013：101.
② 欧文. 国富策：自由贸易还是保护主义？[M]. 梅俊杰，译. 上海：华东师范大学出版社，2013：85.

其实就是以上帝的名义预设了经济学的基本规律。

因此，从思想的起源和研究的出发点看，经济思想的"断裂"实质上是两种不同经济学研究路径的大分流。其一，重商主义经济学的研究路径：实践（历史与现实）—经验—理论—实践。其二，重农学派和斯密经济学的研究路径：宗教神学（自然法与"看不见的手"）—理论—实践。比较这两种研究路径，首先，出发点和理论构建方法不一致，前者从历史与现实出发，运用归纳的方法总结经验并用抽象的方法构建理论，进而应用于实践。后者从基于宗教神学的假定出发，运用演绎法构建理论，进而指导实践。其次，从哲学和方法论角度看，前者遵循朴素的历史唯物主义方法，具有动态开放的特点，因为在实践过程中会积累新的经验，从而不断对理论进行修正。后者遵循机械论，具有静止封闭的特点，因为从宗教神学教义中演绎而来的理论是永恒不变的。

从经济思想史的发展脉络看，原有的重商主义研究路径体现于李斯特经济学、美国学派以及替代性教规经济学的研究传统中。重农主义和斯密经济学的研究路径则体现于古典经济学和新古典经济学的整个发展历程中。这两种研究传统开展了长期的较量。19世纪70年代边际学派兴起以后，斯密经济学逐渐获得了正统地位，从而西方经济学也就有了正统与非正统或主流与非主流之分。对于西方经济学这种发展状况，米尔斯做了比较恰当的总结：

"经济学在其刚开始的时候，主要是非经济学专业人士——如企业家、行政管理人员、公务员以及政治家、革命者甚至士兵——手里的一个学科。大约从19世纪70年代开始，情况逐渐发生了变化，经济学变成了主要属于学院派经济学家范围中的事了。学科也从原来的被称作'政治经济学'变成了被称作'经济学'……学科的性质也微妙地脱离了它的实践之根，由原来试图解释世界以便改变世界变成了一种更加抽象的理论探讨，解释就是或几乎就是一切，解决实际问题的具体方略则无足轻重。"①

上面这段话充分揭示了正统经济学脱离现实和实践的特点。因此，

---

① 米尔斯. 一种批判的经济学史 [M]. 高湘泽，译. 北京：商务印书馆，2005：190-191.

精明的经济政策制定者不会轻信主流经济学家的说教。具有讽刺意味的是，每当签署自由贸易协定时，法国的决策者似乎总是表现为正统经济学的忠实拥护者。当然，除了缺少判断力外，我们也不能忽视法国工业资产阶级力量相对薄弱的事实。从国家战略的角度看，阶级力量并非经济政策导向的决定因素，这一点在柯尔培尔时代已经得到了证明。

还有值得注意的一点是，自柯尔培尔重商主义时代结束以后，法国似乎再没有出现具有显著影响力的非正统经济学者。直至拿破仑执政的时候，法国重农学派依然主导着法国经济学。至第二帝国时期，斯密经济学已经广泛渗透到法国思想界，其支持者甚至包括圣西门主义者。在缺乏非正统经济学家发声的背景下，法国决策者更容易被主流经济学思潮所左右。与法国不同的是，德国和美国出现了李斯特和美国学派等非正统经济学的杰出代表。也正是这两个国家率先抓住了第二次工业革命的历史机遇并实现了对英国的赶超[①]。

英国则是说一套做一套。英国的决策者掌握了重商主义经济学并将其落实到经济政策的制定中。可以认为，在完成第一次工业革命之前，英国都是重商主义经济学最强有力的践行者。然而，英国执政者在口头上却大力宣传斯密经济学和自由贸易主义。19世纪出现的美国学派识破了这一点，他们清醒地意识到，"不要按英国教你的去做，而要按英国做的去做"[②]。美国学派可谓美国版重商主义，它是推动美国崛起的国民经济学说。然而，今天我们看到了美国与以往英国存在惊人的相似性。美国在大力宣传正统经济学，其主导的经济学教科书中也不见美国学派的踪影。

从英美国家的案例中不难发现，在重农学派和斯密经济学兴起以后，不仅发生了经济思想史的大分流，也出现了经济思想与经济政策的背离，因此，局限于从思想到思想或从理论到理论的经济思想史研究存在严重缺陷。如果将视野局限于"正统经济学的家谱学"，将难以联系实际，且构建的理论体系越完善，距离事实就越遥远。

---

　　① 可参见贾根良，等. 新李斯特经济学在中国［M］. 北京：中国人民大学出版社，2015：13-14，207-210。
　　② 赖纳特，贾根良. 穷国的国富论：演化发展经济学论文选：下卷［M］. 北京：高等教育出版社，2007：52。

最后，从经济思想对经济政策的影响看，重商主义是英国取得第一次工业革命胜利的思想指引；美国学派是引导美国实现第二次工业革命的重要指导思想；而李斯特经济学则影响了德国和日本等国家①。所以说，从实际影响来看，本书所指的非正统经济学才是一门真正的致富之学。必须强调的一点是，它的理论是从历史和实践中总结出来的，而不是通过假设演绎出来的。演化经济学者将这些理论称为替代性教规，揭开了国富国穷之秘密。

## 9.3 关于英法大分流与工业革命

工业革命为什么首先发生在英国而不是法国？学术界基于地理、资源、宗教、科技等各种因素的讨论给出了可谓五花八门的解释。目前新制度经济学似乎拥有最多的话语权，认为应将英国的成功归功于政治、产权和激励等诸多方面的制度优越性。然而，本书的分析无法支持此类观点。按照本书的结论，英国工业革命的发生得益于政府以制造业为中心的发展战略，并依靠政府力量为本国制造业开辟销售市场和原料产地。成功实施这一战略的产物就是建立以英国制造业为中心的世界经济体系。工业革命不是由什么因素决定的，而是世界经济体系的产物。在这个体系中英国与其殖民地之间的巨大贸易流推动了英国工业革命的发生。正如霍布斯鲍姆所言："如果没有那股商业特别是殖民地商业潮流，工业革命便无法得到解释。"②

如此看来，导致英法大分流的关键因素之一是18世纪海权和殖民地的争夺。法国丧失了多数殖民地，因而其工业发展无法走在英国前面。殖民地对于工业革命的重要性是马克思主义和世界经济体系理论所着重强调的，但大部分研究实际上回避了这个问题，正如历史学家塞拉所指出的，殖民主义扩张"这一事件对欧洲工业的意义相对而言却被忽

---

① 流亡美国的经历使李斯特也成为美国学派中的重要一员。关于李斯特经济学对日本的影响，可参见贾根良，等. 新李斯特经济学在中国 [M]. 北京：中国人民大学出版社，2015：14-15. 值得一提的是，日本思想家福泽谕吉作为最著名的全盘西化论者却对西方正统经济学进行了深刻的怀疑和反思。参见福泽谕吉. 文明论概略 [M]. 北京编译社，译. 北京：商务印书馆，1959：177-178.

② 霍布斯鲍姆. 工业与帝国：英国的现代化历程 [M]. 梅俊杰，译. 北京：中央编译出版社，2017：54.

视了。实际上，我们对于旧世界受惠于新世界之处远比对于新世界受惠于旧世界之处了解得更多……"①。尽管马克思着重分析了殖民主义的暴力和掠夺本性，但他的重要论断还给我们更深层次的启发。我们不得不重复马克思的重要论断："在真正的工场手工业时期，却是商业上的霸权造成了工业上的优势。所以殖民制度当时起着决定性作用。"②

在世界经济体系的贸易流中，殖民地到底发挥了什么样的作用呢？作为世界经济体系的缩影，三角贸易的过程充分体现了殖民地对于英国的意义。英国用制成品从非洲换取奴隶，再用奴隶和制成品从美洲换取原材料。英国从非洲和美洲获取了廉价劳动力和原材料，同时向非洲和美洲销售制成品。因此，殖民地所发挥的作用正好迎合了英国发展制造业的需要，使英国"出口制成品并进口原材料"的重商主义原则得以贯彻。英国对殖民地所采取的政策更充分地体现了这一点：其一，鼓励殖民地生产初级产品。其二，限制制造业发展，使其专业于低附加值的生产活动。其三，禁止出口那些同英国产品形成竞争的产品。其四，禁止殖民地当局征收关税③。不难发现，前三条政策保证英国独占制造业，而最后一条保证英国制成品可以不受阻碍地进入殖民地市场。

这些重商主义政策确保了世界经济体系的贸易流服务于英国制造业的发展，由此带来的无限市场需求空间成为推动英国制造业转型升级的决定性因素。作为工业革命先导的棉纺织业，正是靠殖民地发展起来的典型。马克思指出："同机器、信用等等一样，直接奴隶制是资产阶级工业的基础。没有奴隶制就没有棉花；没有棉花就没有现代工业。奴隶制使殖民地具有价值，殖民地产生了世界贸易，世界贸易是大工业的条件。"④英国棉纺织业不仅从殖民地获得了廉价的原材料，还独占了殖民地市场。七年战争以后，1765—1800年间，英国全部印花棉布的70%~85%都出口到了非洲和北美⑤。从出口规模看，棉纺织品出口在1750—

① 奇波拉. 欧洲经济史：第二卷（上册）[M]. 贝昱，张菁，译. 北京：商务印书馆，1988：310.
② 马克思. 资本论：第一卷 [M]. 中共中央马克思恩格斯列宁斯大林著作编译局，译. 北京：人民出版社，2004：864.
③ 张夏准. 富国陷阱：发达国家为何踢开梯子？[M]. 肖炼，等，译. 北京：社会科学文献出版社，2009：61-62.
④ 马克思，恩格斯. 马克思恩格斯选集：第一卷 [M]. 中共中央马克思恩格斯列宁斯大林著作编译局，译. 北京：人民出版社，2012：224.
⑤ 列略. 棉的全球史 [M]. 刘媺，译. 上海：上海人民出版社，2018：158.

1770年间猛增了10倍还多①。这两组数据足以表明，殖民地市场成为推动英国棉纺织业发展的决定性因素。

当然，英国棉纺织品市场也不局限于非洲和美洲，最终还销往了世界其他地方。英国之所以举国上下发展棉纺织业，一个重要的前提是棉纺织品是一种全球商品。相比主流经济学演绎出来的结论，历史学家的结论更值得信赖。"并不是棉纺织品生产的机械化和工业化使得棉纺织品成为全球商品，而是恰恰相反，正是因为它是全球性商品，因此才走上机械化和工业化的道路。"②英国建立了海洋霸权后，也就拥有了全球市场的大部分，因而它的棉纺织业首先发生了工业革命。这正应验了马克思的论断，即"商业的霸权造成了工业上的优势"。当市场需求足够大时，手工业的优势就会转变为工业革命。马克思在《共产党宣言》中深刻地指出了这一点："市场总是在扩大，需求总是在增加。甚至工场手工业也不再能满足需要了。于是，蒸汽和机器引起了工业生产的革命。"③

工业革命使英国进一步增强了商业上的优势，为其增添了一种打击别国制造业的利器，因为"它的商品的低廉价格，是它用来摧毁一切'万里长城'……的重炮"④。拿破仑的大陆封锁体系首先就是被这一重炮攻破的。当然，这一以牺牲殖民地为代价的"重炮"也进一步摧毁了殖民地和落后国家的工业。最后，需要强调的是，殖民主义的历史是血腥和肮脏的。今天我们在学习和吸收重商主义的经济思想时，必须坚决抛弃殖民主义这一糟粕⑤。

## 9.4 研究的不足与缺陷

研究者本人不通法语，只能参考大量译著和部分英文文献，因而不

---

① 霍布斯鲍姆. 工业与帝国：英国的现代化历程 [M]. 梅俊杰，译. 北京：中央编译出版社，2017：55.
② 列略. 棉的全球史 [M]. 刘媺，译. 上海：上海人民出版社，2018：157.
③ 马克思，恩格斯.马克思恩格斯选集：第一卷 [M]. 中共中央马克思恩格斯列宁斯大林著作编译局，译. 北京：人民出版社，2012：401.
④ 马克思，恩格斯.马克思恩格斯选集：第一卷 [M]. 中共中央马克思恩格斯列宁斯大林著作编译局，译. 北京：人民出版社，2012：401.
⑤ 新李斯特经济学明确提出抛弃殖民主义发展理念。参见贾根良，等. 新李斯特经济学在中国 [M]. 北京：中国人民大学出版社，2015：101；丁涛，贾根良. 新李斯特经济学的全球价值链理论初探 [J]. 社会科学战线，2017（8）：23-32.

得不错过一些重要的法文文献。在开题报告会中，几位专家指出了这一缺陷。语言障碍的确是一个硬伤，但这并不能否定本书写作的可行性，因为中英文相关文献和资料也是极为丰富的，可获取的信息虽不全面，但也足以支撑一个专门的研究。从目前的研究现状看，本书选题至少在国内学术界还是一项空白。本书希望做出些许开拓性贡献，但确实难以避免诸多不足。在研究者本人看来，以下两点可能是本书最大的缺陷：

其一，对财政金融政策讨论不足。财政政策作为经济政策的重要组成部分是不可忽视的，但本书只涉及了少部分内容。一般认为，财政危机是法国大革命的导火索。财政危机逼迫法国开展了一系列的税收制度改革，但这些改革都未能达到预期效果，反而加剧了社会矛盾。英国则较为顺利地走出了财政危机。英法财政的不同命运主要由两方面因素所致：一是英国财政收入的一个重要来源是殖民地，而法国战败后基本失去了这一来源。二是英国税收制度优越于法国。这两方面因素何者更重要？法国的财政政策有何得失？英法在财政政策方面有哪些重要差别？没有对这些问题开展讨论，是本书不得不承认的一个重要缺陷。

缺少对货币金融的讨论也是本书的一大缺陷。法国货币和金融业的发展远远落后于英国，有学者将其视为法国经济增长的主要障碍之一①。拿破仑执政后，法国才正式成立法兰西银行。在第二帝国时期，法国金融业对第一次工业革命发挥了积极的作用。但很多学者注意到法国金融家对投资工业和实体经济并不积极，而是热衷于将大量资本以借贷的形式输出，成为坐收渔利的食利者。法国的大银行多数为存款银行，它们较少染指工商业。所以，杜比指出了这一事实："19世纪法国工业的发展，不管是何种规模的企业，都主要是依靠持续而艰辛的自筹资金来支持的。"②法国金融家的投资心态，违背了以发展制造业为己任的重商主义原则。列宁一针见血地指出："法国帝国主义与英国殖民帝国主义不

---

① 卡龙. 现代法国经济史 [M]. 吴良健，方延珏，译. 北京：商务印书馆，1991：36.
② 杜比. 法国史 [M]. 吕一民，等，译. 北京：商务印书馆，2010：1309.

同，可以叫作高利贷帝国主义。"①这种投资倾向显然不利于制造业的发展，但它是否影响了法国金融政策，或者是否通过金融政策对法国制造业产生了影响，本书未能对这一问题展开讨论。

其二，没有讨论农业政策与工业革命之间的关系。农业对工业化进程的影响是一个不可回避的问题，有关农业经济政策是不应该被忽视的。对于农业与工业之间的关系，学界存在不一致的观点。有学者认为，农业革命是工业革命得以发生的前提。例如，勒帕日比较了13世纪和17世纪的两次经济增长，认为二者的不同之处在于后者发生了农业革命，并将其视为工业革命的第一阶段②，但也有学者持有不同的观点③。从具体的行业看，英国农业革命与毛纺织业的发展息息相关，但作为工业革命先导的棉纺织业与农业之间却没有直接的联系。与农业比较，工业或制造业是高质量经济活动。在新李斯特经济学看来，一个国家并非要遵循从低质量经济活动到高质量经济活动的循序渐进的发展模式，而应该优先发展高质量经济活动。就此而论，农业革命并非工业革命的必要条件。

一般认为，小农经济阻碍了法国的工业化进程。一方面，由于被束缚于土地上，农民难以转变为自由劳动力。另一方面，自给自足的特点使农民消费市场难以转变为工业品消费市场。与此同时，小农经济也限制了乡村工业化，即原工业化（proto-industrialzition）④。尽管很多学者认为原工业化是工业化的前提条件，但有研究表明，就法国而言，"在原始工业化和工业化之间并不存在直接的联系"⑤。可见，农业与工业化之间存在较为复杂的关系，至今未形成定论。本书只是偶尔涉及农业和土地政策，未能对农业政策史开展深入的讨论，因而也无法参与这一重要的讨论。

---

① 列宁. 帝国主义是资本主义的最高阶段 [M]. 中共中央马克思恩格斯列宁斯大林著作编译局，编译. 北京：人民出版社，2014：61-62.
② 勒帕日. 美国新自由主义经济学 [M]. 李燕生，译. 北京：北京大学出版社，1985：77.
③ 可参见弗里斯. 从北京回望曼彻斯特：英国、工业革命和中国 [M]. 苗婧，译. 杭州：浙江大学出版社，2009：74-75；姜芃. 法国革命中的土地问题 [C] //中国法国史研究会. 法国史论文集. 上海：学林出版社，2000：160-175.
④ 王加丰，张卫良. 西欧原工业化的兴起 [M]. 北京：中国社会科学文献出版社，2003：前言.
⑤ LEWIS G. Proto-industrialization in France [J]. The Economic History Review. 1994，47（1）：150-164.

　　最后，本书的重点在对外贸易政策方面，对国内经济政策讨论不足，因而不是一部完整的经济政策史。本书重点考察经济思想与对外贸易政策之间的关系，对经济思想与国内经济政策之间关系的考察则相对薄弱。总之，本书在许多方面都存在缺陷，但希望能为经济政策史和经济思想史相关研究注入一点新的活力。

# 参考文献

[1] 阿瑞吉，等. 现代世界体系的混沌与治理 [M]. 王宇洁，译. 北京：生活・读书・新知三联书店，2003.

[2] 阿瑞吉. 漫长的20世纪——金钱、权力与我们社会的根源 [M]. 姚乃强，等，译.南京：江苏人民出版社，2001.

[3] 安德森. 绝对主义国家的系谱 [M]. 刘北成，龚晓庄，译. 上海：上海人民出版社，2000.

[4] 阿泽马，维诺克. 法兰西第三共和国 [M]. 沈炼之，郑德第，张忠其，译.北京：商务印书馆，1994.

[5] 波梁斯基. 外国经济史（封建主义时代）[M]. 北京大学经济史经济学说史教研室，译. 北京：生活・读书・新知三联书店，1958.

[6] 波梁斯基. 外国经济史（资本主义时代）[M]. 郭吴新，等，译. 北京：生活・读书・新知三联书店，1963.

[7] 波斯坦，里奇，米勒. 剑桥欧洲经济史：第三卷 [M]. 周荣国，张金秀，译.北京：经济科学出版社，2002.

[8] 波斯坦，等. 剑桥欧洲经济史：第八卷 [M]. 王春法，等，译. 北京：经济科学出版社，2004.

[9] 布罗代尔. 菲利普二世时代的地中海和地中海世界：第一卷 [M]. 唐加龙，曾培耿，等，译. 北京：商务印书馆，1996.

[10]  布罗尔. 荷兰史［M］. 郑克鲁，金志平，译. 北京：商务印书馆，1974.

[11]  陈玮. 英国女王伊丽莎白一世和海盗德雷克［J］. 内蒙古大学学报：哲学社会科学版，1983（2）.

[12]  陈文海. 法国史［M］. 北京：人民出版社，2014.

[13]  陈曦文. 世界中世纪史研究［M］. 北京：人民出版社，2006.

[14]  陈勇. 商品经济与荷兰近代化［M］. 武汉：武汉大学出版社，1990.

[15]  陈勇. 十四至十七世纪英国的外来移民及其历史作用［C］//吴于廑. 十五十六世纪东西方历史初学集. 武汉：武汉大学出版社，1985.

[16]  陈雨露. 约翰·劳的金融传奇［J］. 金融博览，2009（10）.

[17]  戴成钧. 试论本世纪20年代法国工业的起飞［C］//楼均信. 法兰西第一至第五共和国论文集. 北京：东方出版社，1994.

[18]  道宾. 打造产业政策：铁路时代的美国、英国和法国［M］. 张网成，张海东，译. 上海：上海人民出版社，2008.

[19]  迪迪耶，孟华. 交互的镜像：中国与法兰西［M］. 上海：上海远东出版社，2015.

[20]  丁建定. 浅谈督政府的经济措施［J］. 史学月刊，1991（5）.

[21]  丁世福. 滇越铁路的修建及其通车后的影响［J］. 云南社会科学，1982（3）.

[22]  丁涛，贾根良. 流行的经济学思潮与经济政策制定者的辨别力——十八世纪英法《伊甸条约》的案例研究与当代启示［J］. 经济纵横，2018（4）.

[23]  丁涛，贾根良. 新李斯特经济学的全球价值链理论初探［J］. 社会科学战线，2017（8）.

[24]  丁涛. 李斯特生产力理论的回顾与现实意义［J］. 学习与探索，2015（1）.

[25]  董煊. 圣西门的实业思想与法国近代的工业化［J］. 中南民族大学学报：人文社会科学版，2004（1）.

[26]  杜比. 法国史［M］. 吕一民，等，译. 北京：商务印书馆，2010.

[27]  多伊尔. 法国大革命的起源［M］. 张驰，译. 上海：上海人民出版社，2009.

[28]  弗里斯. 从北京回望曼彻斯特：英国、工业革命和中国［M］. 苗婧，译. 杭州：浙江大学出版社，2009.

[29]  弗里曼，卢桑. 光阴似箭：从工业革命到信息革命［M］. 沈宏亮，主译. 北京：中国人民大学，2007.

[30]  福泽谕吉. 文明论概略［M］. 北京编译社，译. 北京：商务印书馆，1959.

[31] 高作钢. 英国都铎王朝海上政策初探 [C] //吴于廑. 十五十六世纪东西方历史初学集. 武汉：武汉大学出版社，1985.

[32] 格申克龙. 经济落后的历史透视 [M]. 张凤林，译. 北京：商务印书馆，2009.

[33] 宫崎市定. 亚洲史概说 [M]. 谢辰，译. 北京：民主与建设出版社，2017.

[34] 顾銮斋. 英国中世纪后期商业政策的转变 [J]. 学习与探索，1994（1）.

[35] 顾銮斋. 资源、机遇、政策与英国工业化的启动——关于工业化的一项比较研究 [J]. 世界历史，1998（4）.

[36] 郭华榕. 法国政治制度史 [M]. 北京：人民出版社，2005.

[37] 韩乘文，徐云霞. 法国大革命中限价问题的历史考察 [J]. 史学月刊，1992（1）.

[38] 赫德森. 保护主义：美国经济崛起的秘诀（1815—1914）[M]. 贾根良，等，译. 北京：中国人民大学出版社，2010.

[39] 何顺果. 特许公司——西方推行"重商政策"的急先锋 [J]. 世界历史，2007（1）.

[40] 黄尔瑞. 简评圣西门关于"实业制度"的理论 [J]. 经济科学，1983（2）.

[41] 黄丽媛，陈晓律. 对1670年《多佛尔条约》的重新解读 [J]. 英国研究，2010（00）.

[42] 黄艳红. 法国旧制度末期的税收、特权与政治 [M]. 北京：社会科学文献出版社，2016.

[43] 霍布斯鲍姆. 工业与帝国：英国的现代化历程 [M]. 2版. 梅俊杰，译. 北京：中央编译出版社，2017.

[44] 霍布斯鲍姆. 革命的年代：1789—1848 [M]. 王章辉，等，译. 南京：江苏人民出版社，1999.

[45] 姜芃. 法国革命中的土地问题 [C] //中国法国史研究会. 法国史论文集. 上海：学林出版社，2000.

[46] 贾根良. 贾根良自选集 [M]. 北京：中国人民大学出版社，2017.

[47] 贾根良. 演化发展经济学与新结构经济学：哪一种产业政策的理论范式更适合中国国情？[J]. 南方经济，2018（1）.

[48] 贾根良，等. 新李斯特经济学在中国 [M]. 北京：中国人民大学出版社，2015.

[49] 蒋孟引. 英国史 [M]. 北京：中国社会科学出版社，1988.

[50] 金贡男. "大陆封锁"与拿破仑进攻俄国 [J]. 河南师范大学学报：社会科

学版，1984（1）．

[51] 金重远．雅各宾专政和限价政策 [J]．复旦学报：社会科学版，1789（1）．

[52] 卡龙．现代法国经济史 [M]．吴良建，方延珏，译．北京：商务印书馆，1991．

[53] 柯林斯．君主专制政体下的财政极限：17世纪上半叶法国的直接税制 [M]．沈国华，译．上海：上海财经大学出版社，2016．

[54] 克拉潘．1815—1914年法国和德国的经济发展 [M]．傅梦弼，译．北京：商务印书馆，1965．

[55] 肯尼迪．大国的兴衰 [M]．蒋葆英，等，译．北京：中国经济出版社，1989．

[56] 库钦斯基．生产力的四次革命：理论和对比 [M]．洪佩都，赖升禄，洪善楠，译．北京：商务印书馆，1984．

[57] 赖纳特．国家在经济增长中的作用 [C] //霍奇逊．制度与演化经济学现代文选：关键性概念．贾根良，等，译．北京：高等教育出版社，2005．

[58] 赖纳特，贾根良．穷国的国富论：演化发展经济学论文选 [M]．北京：高等教育出版社，2007．

[59] 赖纳特．富国为什么富　穷国为什么穷 [M]．杨虎涛，陈国涛，等，译．北京：中国人民大学出版社，2010．

[60] 勒费弗尔．拿破仑时代 [M]．河北师大外语系《拿破仑时代》翻译组，译．北京：商务印书馆，1978．

[61] 勒帕日．美国新自由主义经济学 [M]．李燕生，译．北京：北京大学出版社，1985．

[62] 里奇，威尔逊．剑桥欧洲经济史：第四卷 [M]．张锦冬，钟和，晏波，译．北京：经济科学出版社，2003．

[63] 李斯特．政治经济学自然体系 [M]．杨春学，译．北京：商务印书馆，1997．

[64] 列宁．帝国主义是资本主义的最高阶段 [M]．中共中央马克思恩格斯列宁斯大林著作编译局，译．北京：人民出版社，2014．

[65] 列略．棉的全球史 [M]．刘媺，译．上海：上海人民出版社，2018．

[66] 林芊．论资本的原始积累与法国大革命之振荡节律 [J]．贵州师专学报：社会科学版，1993（2）．

[67] 柳勃林斯卡娅，普里茨克尔，库兹明．法国史纲 [M]．北京编译社，译．北京：生活·读书·新知三联书店，1978．

[68] 刘军大，刘湘予．拿破仑与大陆封锁：从拿破仑的经济政策看拿破仑帝国

的覆灭［M］．北京：华夏出版社，2001．

［69］刘宗绪．雅各宾专政在法国大革命中的地位［C］//中国法国史研究会．法国史论文集．北京：生活·读书·新知三联书店，1984．

［70］楼均信．法国大革命反思［C］//中国法国史研究会.法国史论文集．上海：学林出版社，2000．

［71］楼均信．法国第三共和国兴衰史［M］．北京：人民出版社，1996．

［72］吕一民．法兰西的兴衰［M］．西安：三秦出版社，2005．

［73］鲁德．法国大革命中的群众［M］．何新，译．北京：生活·读书·新知三联书店，1963．

［74］罗琴斯卡娅．法国史纲：十七世纪—十九世纪［M］．刘立勋，译．北京：生活·读书·新知三联书店，1962．

［75］罗荣渠．西方现代化史学思潮的来龙去脉［J］．历史研究，1987（1）．

［76］罗尔．经济思想史［M］．陆元诚，译．北京：商务印书馆，1981．

［77］马迪厄．法国革命史［M］．杨人楩，译．北京：商务印书馆，1973．

［78］马克思．资本论：第一卷［M］．中共中央马克思恩格斯列宁斯大林著作编译局，译．北京：人民出版社，2004．

［79］马克思，恩格斯.马克思恩格斯文集：第四卷［M］．中共中央马克思恩格斯列宁斯大林著作编译局，编译．北京：人民出版社，2009．

［80］马克思，恩格斯.马克思恩格斯选集：第三卷［M］．中共中央马克思恩格斯列宁斯大林著作编译局，编译．北京：人民出版社，2012．

［81］马克思，恩格斯.马克思恩格斯选集：第一卷［M］．中共中央马克思恩格斯列宁斯大林著作编译局，编译．北京：人民出版社，2012．

［82］马赛厄斯，波斯坦．剑桥欧洲经济史：第七卷（上册）［M］．徐强，李军，马宏生，译．北京：经济科学出版社，2003．

［83］马汉．海权对历史的影响：1660—1783［M］．安常容，成忠勤，译．北京：解放军出版社，1997．

［84］马汉．海权对法国大革命和帝国的影响：1793—1812［M］．李少彦，董绍峰，肖欢，等，译．北京：海军出版社，2013．

［85］门罗．早期经济思想——亚当·斯密以前的经济文献选集［M］．蔡受百，等，译．北京：商务印书馆，1985．

［86］梅俊杰．论科尔贝及其重商主义实践［J］．社会科学，2012（12）．

［87］梅俊杰．自由贸易的神话：英美富强之道考辨［M］．北京：新华出版社，2014．

［88］米盖尔．法国史［M］．蔡鸿滨，等，译．北京：商务印书馆，1985．

［89］米德．上帝与黄金：英国、美国与现实世界的形成［M］．涂怡超，罗怡

清，译. 北京：社会科学文献出版社，2016.

[90] 米尔斯. 一种批判的经济学史 [M]. 高湘泽，译. 北京：商务印书馆，2005.

[91] 闵光沛. 殖民地印度综论 [M]. 成都：四川民族出版社，1996.

[92] 缪拉. 科尔贝：法国重商主义之父 [M]. 梅俊杰，译.上海：上海远东出版社，2012.

[93] 欧文. 国富策：自由贸易还是保护主义？[M]. 梅俊杰，译. 上海：华东师范大学出版社，2013.

[94] 佩尔努. 法国资产阶级史：从发端到近代 [M]. 康新文，等，译. 上海：上海译文出版社，1991.

[95] 佩尔努. 法国资产阶级史：近代 [M]. 康新文，等，译. 上海：上海译文出版社，1991.

[96] 彭慕兰，托皮克. 贸易打造的世界 [M]. 黄中宪，译. 西安：陕西师范大学出版社，2008.

[97] 奇波拉. 欧洲经济史：第四卷上册 [M]. 王铁生，等，译.北京：商务印书馆，1989.

[98] 奇波拉. 欧洲经济史：第二卷（上册）[M]. 贝昱，张菁，译. 北京：商务印书馆，1988.

[99] 奇波拉. 欧洲经济史：第三卷 [M]. 吴良健，等，译.北京：商务印书馆，1989.

[100] 钱乘旦，许洁明. 英国通史 [M]. 上海：上海社会科学院出版社，2002.

[101] 瑟诺博斯. 法国史 [M]. 沈炼之，译. 北京：商务印书馆，1972.

[102] 沈坚. 论法国近代工业化的市场特征 [C] //中国法国史研究会. 法国史论文集. 上海：学林出版社，2000.

[103] 斯皮格尔. 经济思想的成长 [M]. 晏智杰，刘宇飞，王长青，等，译. 北京：中国社会科学出版社，1999.

[104] 司武臣. 法国中古后期农业发展迟缓的原因 [J]. 史学月刊，1983（2）.

[105] 宋则行，樊亢. 视界经济史：上卷 [M]. 北京：经济科学出版社，1998.

[106] 苏肄海. 战争的逻辑：从普鲁士崛起到两次世界大战 [M]. 北京：新华出版社，2016.

[107] 孙戈. 欧洲金融的统治者——罗斯柴尔德家族 [M]. 北京：海潮出版社，2015.

[108] 塔尔列. 拿破仑传 [M]. 任田升，陈国雄，译. 北京：商务印书馆，1976.

[109] 唐德刚. 从晚清到民国 [M]. 北京：中国文史出版社，2015.

［110］汤普逊．中世纪晚期欧洲经济社会史［M］．徐家玲，等，译．北京：商务印书馆，1992．

［111］汪建丰．略论1830—1870年法国的铁路建设［J］．史学月刊，1991（2）．

［112］王加丰，张卫良．西欧原工业化的兴起［M］．北京：中国社会科学文献出版社，2003．

［113］王家宝．论法国第二帝国现代化的条件［J］．世界历史，1991（1）．

［114］王令愉．论君主立宪派的贸易、税制和金融改革——法国大革命初期的改革研究之四［J］．历史教学问题，2006（6）．

［115］王令愉．论君主立宪派的农业和工业改革——法国大革命初期的改革研究之一［J］．历史教学问题，2004（4）．

［116］王荣堂．十八世纪法国资产阶级革命［M］．上海：上海人民出版社，1955．

［117］王绳祖．国际关系史：第一卷［M］．北京：世界知识出版社，1995．

［118］王养冲．论吉伦特派的阶级构成和思想观点［J］．华东师范大学学报：哲学社会科学版，1998（1）．

［119］王渊明．试论中古法国市民与君权关系［J］．杭州大学学报，1986（2）．

［120］王章辉．英国工业革命时期的国内外市场［J］．世界历史，1982（1）．

［121］王助民，李良玉，陈恩虎，等．近现代西方殖民主义史（1415—1990）［M］．北京：中国档案出版社，1995．

［122］韦瑟林．欧洲殖民帝国：1815—1919［M］．夏岩，等，译．北京：中国社会科学出版社，2012．

［123］沃尔金．十八世纪法国社会思想的发展［M］．杨穆，金颖，译．北京：商务印书馆，1983．

［124］沃勒斯坦．现代世界体系：第四卷［M］．吴英，译．北京：社会科学文献出版社，2013．

［125］夏继果．伊丽莎白一世的外交政策与商业扩张［J］．齐鲁学刊，1996（5）．

［126］夏继果．英西战争（1588—1604）中的英方政策评价［J］．世界历史，1998（4）．

［127］熊彼特．经济分析史：第一卷［M］．朱泱，等，译．北京：商务印书馆，1996．

［128］许明龙．十九世纪三十年代法国里昂工人起义［J］．世界历史，1984（2）．

［129］杨洪庆．略论19世纪晚期法国对非洲殖民扩张的动因［C］//中国法国史研究会．法国史论文集．上海：学林出版社，2000．

［130］杨玉林．伊丽莎白一世时期的英国经济［J］．山东师范大学学报：社会科学版，1994（6）．

[131] 余建华，季惠群.伊丽莎白时代英国对外贸易发展之动因 [J]. 上海社会科学院学术季刊，1991（4）.

[132] 张夏准.富国陷阱：发达国家为何踢开梯子? [M]. 肖炼，等，译. 北京：社会科学文献出版社，2009.

[133] 张之联.法国通史 [M]. 北京：北京大学出版社，1989.

[134] 张芝联.从高卢到戴高乐 [M]. 北京：生活·读书·新知三联书店，1988.

[135] 赵恒烈.外国史趣话 [M]. 济南：山东教育出版社，1986.

[136] 赵绩竹.英国中世纪晚期保护主义货币政策及影响 [J]. 北方论丛，2012（4）.

[137] 周一良，吴于廑.世界通史：近代部分上册 [M]. 北京：人民出版社，1973.

[138] 周一良，吴于廑. 世界通史资料选辑：近代部分上册 [M]. 北京：商务印书馆，1964.

[139] ASHTON T S. The Angio-French Treaty of Commerce of 1860, and the progress of the industrial revolution in France [J]. The Economic Journal, 1931, 41 (163): 489-451.

[140] BAIROCH P. Free trade and European economic development in the 19th Century [J]. European Economic Review, 1972, 3 (3): 211-245.

[141] BARKER J R. The conseil general des manufactures under napoleon (1810-1814) [J]. French Historical Studies, 1969, 6 (2): 185-213.

[142] BLOOMFIELD I A. The foreign-trade doctrines of the physiocrats [J]. The American Economic Review. 1938, 28 (4): 716-735.

[143] BROWNING O. The treaty of commerce between England and France in 1786 [J]. Transactions of the Royal Historical Society, 1885, 2: 349-364.

[144] CAMERON R N. Economic growth and stagnation in France, 1815-1914 [J]. The Journal of Modern History, 1958, 30 (1): 1-13.

[145] CROUZET F. Wars, blockade, and economic change in Europe, 1792-1815 [J]. Journal of Economic History, 1964, 24 (4): 567-588.

[146] DONAGHAY M. Calonne and the Anglo-French Commercial Treaty of 1786 [J]. The Journal of Modern History, 1978, 50 (3): 1157-1184.

[147] DUNHAM A L. The development of the cotton industry in France and the Anglo-French Treaty of Commerce of 1860 [J]. The Economic

History Review, 1928, 1 (2): 281-307.

[148] DUNHAM A L. How the first French railways were planned [J]. The Journal of Economic History, 1941, 1 (1): 12-25.

[149] FORD W C. The commercial policy of Europe [J]. Publications of the American Economic Association, 1902, 3 (1): 118-157.

[150] IRWIN D A. Free Trade and protection in nineteenth-century Britain and France revisited: A comment on Nye [J]. The Journal of Economic History, 1993, 53 (1): 146-152.

[151] LEWIS G. Proto-industrialization in France [J]. The Economic History Review. 1994, 47 (1): 150-164.

[152] MURPHY O T. DuPont de Nemours and the Anglo-French Commercial Treaty of 1876 [J]. The Economic History Review, 1966, 19 (3): 569-580.

[153] NEWBURY W. The protectionist revival in French colonial trade: The case of Senegal [J]. The Economic History Review, New Series, 1968, 21 (2): 337-348.

[154] NYE J V. The myth of free-trade Britain and Fortress France: Tariffs and trade in the nineteenth century [J]. The Journal of Economic History, 1991, 51 (1): 23-46.

[155] SMITH M S. Free trade versus protection in the Early Third Republic: Economic interests, tariff policy, and the making of the republican synthesis [J]. French Historical Studies, 1977, 10 (2): 293-314.

[156] STUART G H. Tariff marking in France [J]. American Academy of Political and Social Science, 1929, 141: 98-106.

# 索引

# 后记

　　这本书出自我的博士后出站报告《法国经济政策史与经济政策思想史研究——从百年战争到第一次世界大战》。2016年4月，我有幸跟随贾根良教授进行博士后研究。起初，我本人倾向于以新李斯特经济学和全球价值链作为博士后的研究选题，因为我对这两个领域有相对较多的积累。但贾老师鼓励我选择一个更富于挑战性的题目。最后，我的研究选题确定在法国经济政策史方面。对于这个选题，我除了有经济思想史的理论基础外，其他大部分都是零起点。

　　这一挑战性的选题使我两年多的博士后工作时时刻刻处在紧张状态中。完成这本博士后研究报告后，我感到自己的研究水平得到了一次质的提升。对法国经济政策史的研究加深了我对经济思想史的认识，使我充分意识到理论联系历史和实际的重要性，有助于我克服以前偏重于思想和理论本身之考究的缺陷。对法国史的研究大大扩展了我的知识面，为我了解西方文明提供了新的视野，为我以后开展欧洲史研究和中西文化比较相关研究奠定了最为重要的基础。

　　获得这份宝贵的学术积累，我要特别感谢贾老师的鼓励和鞭策！感谢帮助我和支持我的老师和学术前辈们！你们的引导和鼓励使我充满学术热情！这本博士后报告能以专著出版，要特别感谢东北财经大学"双一流"建设项目的资助和东北财经大学出版社的大力支持！

感谢父母的宽容！为了两年的学习，为了完成这本博士后报告，我辞掉了稳定的工作。这一选择给家人带来了很多忧虑，身边的同事和朋友也曾好意相劝，但父母依然宽宏大度，给我最大的理解和支持。

丁涛

2020年5月